U0953734

“十二五”国家重点出版物出版规划项目

汉语言专业本科系列教材 · 综合类

ELEMENTARY CHINESE: COMPREHENSIVE COURSE (I) 上

初级汉语综合教程

本册主编：魏新红
编　　者：魏新红　刘　畅　闻　亭　孙文访　董　政　刘敬华
翻　　译：何　洁

Worksheets 练习活页 1

ERYA CHINESE 尔雅中文

北京语言大学出版社
BEIJING LANGUAGE AND CULTURE UNIVERSITY PRESS

目　录

1 很高兴认识您

姓名：______________

一、写汉字 Write the Chinese characters.

zōng 综	综 综 综 综 综 综 综 综 综 综 综
xiān 先	先 先 先 先 先 先
shāng 商	商 商 商 商 商 商 商 商 商 商 商
jiāo 教	教 教 教 教 教 教 教 教 教 教 教
ài 爱	爱 爱 爱 爱 爱 爱 爱 爱 爱 爱
lǚ 旅	旅 旅 旅 旅 旅 旅 旅 旅 旅 旅
tè 特	特 特 特 特 特 特 特 特 特 特
wàng 忘	忘 忘 忘 忘 忘 忘 忘

bǐ	比 比 比 比
比	
rú	如 如 如 如 如 如
如	

二、组词 Make words.

例如：语：＿汉语＿

1. 合：＿＿＿＿ 2. 见：＿＿＿＿

3. 后：＿＿＿＿ 4. 量：＿＿＿＿

5. 爱：＿＿＿＿ 6. 法：＿＿＿＿

7. 旅：＿＿＿＿ 8. 动：＿＿＿＿

9. 如：＿＿＿＿ 10. 乐：＿＿＿＿

三、填写动词 Fill verbs in the blanks.

例如：＿学习＿汉语

1. ＿＿＿＿饭 2. ＿＿＿＿音乐

3. ＿＿＿＿电影 4. ＿＿＿＿朋友

四、选词填空 Choose the words to fill in the blanks.

1. 你有＿＿＿＿爱好？ （谁 什么）

2. 你叫＿＿＿＿名字？ （谁 什么）

3. 你是＿＿＿＿国人？ （哪 哪儿）

4. 我＿＿＿＿李，＿＿＿＿李明。 （叫 姓）

5. 你＿＿＿＿大了？ （怎么 多）

6. 请问，您的名字＿＿＿＿写？ （怎么 多）

五、给括号中的词语选择适当的位置

Choose the right positions for the words in the parentheses.

1. A 谁 B 介绍 C 一下 D？（先）
2. 今天 A 我们 B 一起 C 吃饭 D！（吧）
3. 我 A 很高兴 B 我们班 C 学习 D。（在）
4. A 你们 B 我 C 爱子吧 D。（叫）
5. A 他喜欢 B 运动，C 是 D 踢足球。（特别）
6. 我的 A 爱好很多 B，我喜欢看书 C、听音乐 D。（什么的）

六、组句　Make sentences.

1. 什么　你　名字　叫

____

2. 朋友　交　很　喜欢　他

____

3. 认识　高兴　你们　我　很

____

4. 书法　我　学习　跟　王老师　想

____

七、用括号中的词语完成会话　Complete the dialogues using the words in the parentheses.

1. A：下课以后你去哪儿？

B：______________________________。（先）

2. A：我们什么时候去买东西？

B：______________________________。（以后）

3. A：你们说我们去哪儿吃饭？

B：______________________________。（商量）

4. A：你喜欢运动吗？

B：______________________________。（特别是）

5. A：你有什么爱好？

B：______________________________。（比如……什么的）

八、完成会话 Complete the dialogues.

A：____________________________________？

B：我叫安娜。

A：____________________________________？

B：我是俄罗斯人。

A：____________________________________？

B：十八岁。

A：____________________________________？

B：我喜欢看书，也喜欢运动。

A：很高兴认识你。

B：____________________________________。

九、根据实际情况回答问题 Answer the questions.

1. 你姓什么？你叫什么名字？你的朋友们叫你什么？

2. 你是哪国人？有什么爱好？

3. 你们的班主任叫什么名字？他（她）有什么爱好？

4. 你最好的朋友叫什么名字？他（她）是哪国人？有什么爱好？

十、综合填空 Cloze

我有两①________好朋友，②________都很有意思。这是李平（Lǐ Píng），③________喜欢④________书、练习书法，也喜欢⑤________网。可是他不喜欢运动。他⑥________马云飞（Mǎ Yúnfēi），很喜欢运动，⑦________是游泳。我喜欢⑧________电影。我们都喜欢⑨________音乐。我很高兴⑩________他们。

2 这是我朋友

姓名：________________

一、写汉字 Write the Chinese characters.

liú 留	留 留 留 留 留 留 留 留 留 留
lǜ 律	律 律 律 律 律 律 律 律 律
à 啊	啊 啊 啊 啊 啊 啊 啊 啊 啊 啊
fù 复	复 复 复 复 复 复 复 复 复
chāo 超	超 超 超 超 超 超 超 超 超 超 超 超
shì 市	市 市 市 市 市
guàng 逛	逛 逛 逛 逛 逛 逛 逛 逛 逛 逛
zuì 最	最 最 最 最 最 最 最 最 最 最 最 最

děng	等 等 等 等 等 等 等 等 等 等 等 等
等	

shì	试 试 试 试 试 试 试 试
试	

二、组词 Make words.

例如：语：<u>汉语</u>

1. 生：________　　2. 律：________

3. 名：________　　4. 姓：________

5. 比：________　　6. 打：________

7. 法：________　　8. 前：________

9. 见：________　　10. 近：________

三、填写动词 Fill verbs in the blanks.

例如：<u>学习</u>汉语

1. ________法律　　2. ________超市

3. ________衣服　　4. ________朋友

四、选词填空 Choose the words to fill in the blanks.

1. 最近________？　（怎么　怎么样）
2. 你在________学习汉语？　（哪　哪儿）
3. 我不________看电影。　（常常　常）

五、给括号中的词语选择适当的位置

Choose the right positions for the words in the parentheses.

1. 老师 A，B 我 C 做这个练习 D。　（来）
2. 我 A 坐 B 出租车 C 北大 D。　（去）
3. 你 A 喜 B 喜欢 C 听音乐 D？　（不）
4. 我的 A 爱好 B 多，看书、上网什么的 C 我 D 都很喜欢。　（比较）

六、组句　Make sentences.

1. 去　你　不　银行　去

____

2. 许多　欧阳兰　方法　我们　告诉　的　打招呼

____

3. 你好　以前　我　会　说　只

____

4. 我　一下　介绍　来

____

七、用括号中的词语完成句子或会话

Complete the sentences or dialogues using the words in the parentheses.

1. ______________________________，我姓欧阳，叫欧阳兰。（来）

2. A：同学们，谁想写生词？

   B：老师，______________________________！（来）

3. A：中国的复姓多吗？

   B：______________________________。（比较）

4. ______________________________，现在我在北京语言大学学习。（以前）

5. A：星期六、星期天你都做什么？

   B：______________________________。（常）

6. A：你知道中国人怎么打招呼吗？

   B：______________________________。（等等）

八、完成会话　Complete the dialogues.

A：这是我的朋友欧阳兰，______________________________。

B：欧阳兰，你好！

C：你好，金大成，______________________________！

B：你也是北语的学生吗？

C：不，______________________________。

A：大成，我们去超市买东西，________________？

B：我要跟爱子一起去银行，你们去吧。

A、C：好，再见！

B：再见！

九、根据实际情况回答问题 Answer the questions.

1. 你以前怎么跟朋友用汉语打招呼？

2. 你现在知道哪些用汉语打招呼的方法？

3. 你有中国朋友吗？你想认识中国朋友吗？

十、综合填空 Cloze

中国朋友告诉我许多学习汉语的好①________。

以前，我②________知道写生词，③________课文。他们说，学习汉语还可以④________中国电影、⑤________中国朋友聊天儿。还有，去旅行也是一⑥________学习汉语的好方法，⑦________了解（liǎojiě to understand）中国文化、⑧________一些中国朋友，还能知道⑨________有意思的事。以后我也⑩________试试这些好方法。

3 去邮局怎么走

姓名：________________

一、写汉字 Write the Chinese characters.

fù 附	附 附 附 附 附 附 附
yóu 邮	邮 邮 邮 邮 邮 邮 邮
jú 局	局 局 局 局 局 局 局
guǒ 裹	裹 裹 裹 裹 裹 裹 裹 裹 裹 裹 裹 裹 裹 裹
gài 概	概 概 概 概 概 概 概 概 概 概 概 概 概
chuāng 窗	窗 窗 窗 窗 窗 窗 窗 窗 窗 窗 窗 窗
jì 寄	寄 寄 寄 寄 寄 寄 寄 寄 寄 寄 寄
xìn 信	信 信 信 信 信 信 信 信 信

fēng 封	封 封 封 封 封 封 封 封 封
kuǎn 款	款 款 款 款 款 款 款 款 款 款 款 款

二、组词 Make words.

例如：语：＿汉语＿

1. 路：＿＿＿＿＿＿　　2. 邮：＿＿＿＿＿＿

3. 门：＿＿＿＿＿＿　　4. 包：＿＿＿＿＿＿

5. 算：＿＿＿＿＿＿　　6. 窗：＿＿＿＿＿＿

7. 空：＿＿＿＿＿＿　　8. 信：＿＿＿＿＿＿

9. 方：＿＿＿＿＿＿　　10. 护：＿＿＿＿＿＿

三、填写动词 Fill verbs in the blanks.

例如：＿学习＿汉语

1. ＿＿＿＿包裹　　2. ＿＿＿＿信

3. ＿＿＿＿邮票　　4. ＿＿＿＿护照

四、选词填空 Choose the words to fill in the blanks.

1. 请问，去邮局＿＿＿＿走？　（什么　怎么）

2. 邮局＿＿＿＿这儿远吗？　（离　从　往）

3. 从这儿一直＿＿＿＿前走就是银行。　（离　从　往）

4. 邮局＿＿＿＿超市的旁边。　（是　在　有）

五、给括号中的词语选择适当的位置

Choose the right positions for the words in the parentheses.

1. 今天 A 下课以后 B 我 C 取钱 D。　（去）

2. 下课以后我 A 打算 B 骑自行车 C 银行 D。　（去）

3. A 银行 B 我的宿舍 C 特别 D 近。　（离）

4. 一直 A 走，B 在第二个十字路口 C 左 D 拐。　（往）

六、组句　Make sentences.

1. 走　邮局　怎么　去

____

2. 远　银行　这儿　吗　离

____

3. 一家　附近　学校　超市　有

____

4. 以后　下课　钱　我　银行　取　去

____

七、用括号中的词语完成会话

Complete the dialogues using the words in the parentheses.

1. A：明天我们一起去看电影吧。

   B：好，______________________________。（正好）

2. A：明天你想做什么？

   B：______________________________。（然后）

3. A：请问去医院怎么走？

   B：______________________________。（一直）

4. A：你们班有多少学生？

   B：______________________________。（大概）

5. A：______________________________？（打算）

   B：我在家休息。

八、完成会话　Complete the dialogues.

A：______________________________？

B：今天下午我要去邮局取包裹。

A：______________________________？

B：不，是朋友给我寄的。

A：________________________？

B：我打算下午两点去。

A：________________________！

B：那太好了！

九、根据实际情况回答问题 Answer the questions.

1. 学校附近的邮局在哪儿？去那儿怎么走？

2. 在邮局你可以做什么？

3. 从教室回你的宿舍怎么走？

4. 下课以后你回宿舍做什么？

十、综合填空 Cloze

今天下午我要去邮局❶________包裹，里边是妈妈❷________我寄的礼物。爱子说，邮局❸________学校很近。从学校东门出去❹________右拐，然后❺________往前走，在第一个十字路口往右❻________。我知道那儿有一❼________饭馆。爱子告诉我，饭馆的对面❽________一家超市，邮局就❾________超市的旁边。今天下课以后爱子正好要去邮局买纪念邮票，我们❿________一起去。

4 你想吃中餐还是西餐

姓名：________________

一、写汉字 Write the Chinese characters.

tǐng 挺	挺 挺 挺 挺 挺 挺 挺 挺 挺
wǎn 碗	碗 碗 碗 碗 碗 碗 碗 碗 碗 碗 碗 碗 碗
pí 啤	啤 啤 啤 啤 啤 啤 啤 啤 啤 啤 啤
cān 餐	餐 餐 餐 餐 餐 餐 餐 餐 餐 餐 餐 餐 餐 餐 餐 餐
kè 刻	刻 刻 刻 刻 刻 刻 刻 刻
duàn 锻	锻 锻 锻 锻 锻 锻 锻 锻 锻 锻 锻 锻 锻 锻
liàn 炼	炼 炼 炼 炼 炼 炼 炼 炼 炼
liáo 聊	聊 聊 聊 聊 聊 聊 聊 聊 聊 聊 聊

jǐn	紧 紧 紧 紧 紧 紧 紧 紧 紧 紧
紧	
yú	愉 愉 愉 愉 愉 愉 愉 愉 愉 愉 愉 愉
愉	

二、组词 Make words.

例如：语：汉语

1. 员：________　　2. 单：________

3. 米：________　　4. 客：________

5. 末：________　　6. 餐：________

7. 食：________　　8. 馆：________

9. 锻：________　　10. 舍：________

三、填写动词 Fill verbs in the blanks.

例如：学习 汉语

1. ________中餐　2. ________体育馆　3. ________身体　4. ________作业

四、选词填空 Choose the words to fill in the blanks.

1. 今天我觉得________累的。（挺　太）
2. 我的作业本________？（呢　吧）
3. 我回宿舍，你________？（呢　吧）
4. 现在八点________。（刻　半）
5. 我每天有四________课。（个　节）
6. 你想今天去________明天去？（还是　还）

五、给括号中的词语选择适当的位置

Choose the right positions for the words in the parentheses.

1. A 我 B 七点 C 一 D 起床。（刻）
2. 这个星期六 A 我 B 打算 C 休息休息 D。（好好儿）
3. 今天的 A 作业 B 难 C 的 D。（挺）
4. 你 A 喝 B 茶 C 咖啡 D？（还是）

5. 中午我 A 常 B 学校 C 食堂 D 吃饭。（在）

6. A 我每天的生活 B 都很紧张，C 也 D 很有意思。（可是）

六、组句 Make sentences.

1. 平时　时间　有　你　还是　有　周末　时间

____

2. 吃饭　学校　每天　在　我　的　中午　食堂

____

3. 一　想　我　好好儿　要　想

____

4. 七　我　起床　半　点　早上

____

5. 好吃　便宜　的　饭菜　又　食堂　又

____

七、用括号中的词语完成会话

Complete the dialogues using the words in the parentheses.

1. A：你们学校的体育馆怎么样？

B：______________________________。（挺）

2. A：食堂的饭菜怎么样？

B：______________________________。（又……又……）

3. A：晚上你在宿舍做什么？

B：______________________________。（有时候）

4. A：周末你想做什么？

B：______________________________。（好好儿）

八、完成会话 Complete the dialogues.

A：______________________________？

B：我七点起床。

A：你们几点上课？

B：八点。

A：＿＿＿＿＿＿＿＿＿＿？太早了！＿＿＿＿＿＿＿＿＿＿？

B：我们十二点下课。

A：＿＿＿＿＿＿＿＿＿＿＿＿＿＿＿＿＿＿＿＿？

B：下午也有课。

A：晚上你常常做什么？

B：＿＿＿＿＿＿＿＿＿＿＿＿＿＿＿＿＿＿＿＿。

A：晚上在宿舍还是在图书馆学习？

B：＿＿＿＿＿＿＿＿＿＿＿＿＿＿＿＿＿＿＿＿。

九、根据实际情况回答问题　Answer the questions.

1. 你几点起床？几点睡觉？

2. 你们上午几点上课？几点下课？

3. 你中午在哪儿吃饭？

4. 你下午有课吗？

5. 你常常锻炼身体吗？什么时候锻炼身体？

6. 你晚上常常做什么？

7. 你周末常常做什么？

十、综合填空　Cloze

我是一❶＿＿＿＿留学生，❷＿＿＿＿北京语言大学学习汉语。我们的教室❸＿＿＿＿主楼（zhǔlóu main building）219。我们上午有四❹＿＿＿＿课，早上八点半上课，十二点半❺＿＿＿＿课。我们下午没有课。我下午去图书馆，在那儿❻＿＿＿＿生词，❼＿＿＿＿课文，❽＿＿＿＿作业。我晚上喜欢❾＿＿＿＿网，还喜欢❿＿＿＿＿朋友聊天儿。

第一单元（第 1–4 课）练习

姓名：________________

一、听写句子 Dictate the sentences.

1. ______________________________

____

____

2. ______________________________

____

____

3. ______________________________

____

____

4. ______________________________

____

____

5. ______________________________

____

____

二、填字游戏　Word puzzle

	字
语	

法	
	师

	中
西	

	书
方	

	去	
买		票
	局	

		留
		学
研	究	

三、挑出与其他三个不同类的词语

Choose the one different from the other three words in each group.

例如：张　王　李　姓　　姓

1. 学生　老师　朋友　汉语　＿＿＿＿
2. 中国　美国　北京　韩国　＿＿＿＿
3. 邮局　包裹　食堂　宿舍　＿＿＿＿
4. 爱好　运动　书法　旅行　＿＿＿＿

四、搭配连线　Match the words on the left with those on the right.

1. 逛　　招呼
   吃　　朋友
   交　　超市
   打　　西餐
   听　　音乐

2. 从学校东门　　拐
   离我家　　学习书法
   往右　　出去
   跟老师　　很远

3. 看	电影	4. 在食堂	寄挂号信
做	法律	在大学	运动
寄	身体	在体育馆	吃饭
学习	作业	在邮局	学习法律
锻炼	包裹		

五、选词填空 Choose the words to fill in the blanks.

1. ________个打招呼的方法比较好？

A. 谁　　B. 什么　　C. 哪儿　　D. 哪

2. 我________东走，你呢？

A. 在　　B. 从　　C. 离　　D. 往

3. 我知道的中国菜的名字不太多，只有________个。

A. 多　　B. 几　　C. 大概　　D. 左右

4. 你先来介绍一下________！

A. 呢　　B. 吧　　C. 吗　　D. 的

六、组句 Make sentences.

1. 邮局　超市　在　的　旁边　就

____

2. 体育馆　近　南门　我们　比较　离　学校

____

3. 学习　告诉　请　汉语　你　方法　我　个　的　好　一

____

4. 下午　我　星期六　都　个　身体　去　体育馆　每　锻炼

____

七、用括号中的词语完成会话

Complete the dialogues using the words in the parentheses.

1. A：________________________________？（还是）

B：我常去食堂吃饭。

2. A：你觉得他多大？

B：______________________________。（几）

3. A：这次考试难不难？

B：______________________________。（比较）

4. A：你周末常常做什么？

B：______________________________。

（有时候……，有时候……）

八、造句 Make sentences.

1. 比如

____

2. 正好

____

3. 挺

____

4. 大概

____

5. 又……又……

____

九、改错 Correct the errors.

例如：他是哪国人吗？（×）

正确句子：他是哪国人？/他是美国人吗？

1. 你去不去食堂吗？（×）

正确句子：______________________________

2. 你想吃韩国菜还是日本菜吗？（×）

正确句子：______________________________

3. 我学习汉语在北京语言大学。（×）

正确句子：______________________________

4. 我的宿舍从教室很近。（×）

正确句子：______________________________

十、阅读短文，完成下列练习 Read the passage and do the following exercises.

在中国，北方人常常用“东南西北”来表示方位，可南方人喜欢用“前后左右”来表示方位。比如，你第一次来北京，想问去车站怎么走，北京人会说：“您一直往北走，到十字路口往西拐，马路北边就是。”可是到了南方，南方人会说：“您一直往前走，到十字路口往左拐，马路右边就是。”这两种指路的方法有很大的不同：“前后左右”可以根据你自己的身体来判断，“东西南北”要根据太阳的位置和街道的方向来判断。

为什么会这样呢？原因有很多。比如天气，南方常常下雨，看不见太阳，而北方太阳很好的晴天比较多，东西南北也很清楚。也可能和地形有关系。南方山多，房子和街道是按照山的形状来建的，非常不整齐。北方城市里大多没有山，街道也都是方方正正的，一般都是东西方向或者南北方向的，很容易分清楚东南西北。

判断正误 True or false.

1. 中国人都习惯用“东南西北”指路。 (　　)
2. “前后左右”一定要根据太阳的位置判断。 (　　)
3. 造成两种指路方法的不同有很多原因。 (　　)
4. 南方房子和街道是按照山的形状来建的。 (　　)
5. 北方城市的街道非常不整齐。 (　　)

回答问题 Answer the question.

在中国，北方人和南方人指路有什么不同？

十一、作文（任选一题，120字以上）

Writing. (Choose a topic to write a composition of more than 120 characters.)

1. 我的朋友
2. 我的生活

120 字

240 字

5 我们正在包饺子

姓名：____________

一、写汉字 Write the Chinese characters.

mǔ 母	母 母 母 母 母
duǎn 短	短 短 短 短 短 短 短 短 短 短 短 短
yí 姨	姨 姨 姨 姨 姨 姨 姨 姨 姨
lǐ 礼	礼 礼 礼 礼 礼
bāo 包	包 包 包 包 包
chuán 传	传 传 传 传 传 传
nán 南	南 南 南 南 南 南 南 南 南
guàn 惯	惯 惯 惯 惯 惯 惯 惯 惯 惯 惯 惯

yuán	圆 圆 圆 圆 圆 圆 圆 圆 圆 圆
圆	

bǐng	饼 饼 饼 饼 饼 饼 饼 饼 饼
饼	

二、组词 Make words.

例如：语：汉语

1. 母：________　　2. 姨：________

3. 礼：________　　4. 客：________

5. 统：________　　6. 日：________

7. 情：________　　8. 般：________

9. 重：________　　10. 月：________

三、填写动词 Fill verbs in the blanks.

例如：学习 汉语

1. ________短信　　2. ________礼物

3. ________饺子　　4. ________节

四、选词填空 Choose the words to fill in the blanks.

1. 这个售货员________客人很热情。（对　给）

2. 请坐，请喝________茶。（一会儿　一点儿）

3. 中秋节是中国的________节日。（传统　一般）

4. 他有一些很好的学习________。（传统　习惯）

五、给括号中的词语选择适当的位置

Choose the right positions for the words in the parentheses.

1. A 我们 B 去银行的时候 C，他 D 买手机。（正在）

2. 北京 A 是我 B 最喜欢 C 的地方 D。（之一）

3. A 老师说的话 B 我 C 很 D 有帮助。（对）

4. 爱子 A 让 B 我 C 她发 D 个短信。（给）

六、组句　Make sentences.

1. 对　老师　很　我们　关心

____

2. 你　呢　给　短信　发　在　谁

____

3. 汉字　她　很　写　漂亮　得

____

4. 之一　吃　中国人　最喜欢　是　的　面条　面食

____

七、用括号中的词语完成会话或句子

Complete the dialogues using the words in the parentheses.

1. A：喂，爱子，你在做什么呢？

　B：______________________________。（正在）

2. A：你的同屋对你怎么样？

　B：______________________________。（对）

3. A：晚上你一般在宿舍做什么？

　B：______________________________。

（一边……，一边……）

4. 中国有很多好吃的菜，______________________________。（之一）

八、完成会话　Complete the dialogues.

A、B：你好！

C：你们好！______________________________！

B：这是______________________________，不知道你喜欢不喜欢。

C：你们____________________！快请坐！____________________？

A：我喝可乐。

B：______________________________。谢谢！

C：我家有很多 DVD，我们一起看一个中国电影，怎么样？

A、B：太好了！

九、根据实际情况回答问题 Answer the questions.

1. 你喜欢吃面食还是米饭？

2. 你喜欢喝茶还是喝可乐？

3. 你有什么好习惯？

4. 去朋友家的时候，你一般带什么礼物？

十、综合填空 Cloze

我是在上海学汉语①_______留学生。我很喜欢上海，可是还不太②_______上海的生活。我爱吃面食，上海人③_______比较喜欢吃④_______；我不会做饭，可是我们学校食堂的饭菜⑤_______贵⑥_______不好吃。我的中国朋友知道以后，⑦_______我星期六去他的家，他的父母还说要⑧_______我包饺子。他们都⑨_______我很热情，我想去的时候⑩_______一点儿礼物。你们说我买什么好呢？

6 昨天你做什么了

姓名：________________

一、写汉字 Write the Chinese characters.

yuán 原	原 原 原 原 原 原 原 原 原 原
kǎo 烤	烤 烤 烤 烤 烤 烤 烤 烤 烤 烤
yā 鸭	鸭 鸭 鸭 鸭 鸭 鸭 鸭 鸭 鸭 鸭
jù 剧	剧 剧 剧 剧 剧 剧 剧 剧 剧 剧
zá 杂	杂 杂 杂 杂 杂 杂
jì 技	技 技 技 技 技 技 技
liǎn 脸	脸 脸 脸 脸 脸 脸 脸 脸 脸 脸 脸
jīng 精	精 精 精 精 精 精 精 精 精 精 精 精 精 精

cǎi 彩	彩 彩 彩 彩 彩 彩 彩 彩 彩 彩 彩
mó 魔	魔 魔 魔 魔 魔 魔 魔 魔 魔 魔 魔 魔 魔 魔 魔 魔 魔 魔 魔 魔

二、组词 Make words.

例如：语：汉语

1. 馆：________　　2. 原：________
3. 剧：________　　4. 杂：________
5. 彩：________　　6. 服：________
7. 场：________　　8. 画：________
9. 利：________　　10. 解：________

三、填写动词 Fill verbs in the blanks.

例如：学习 汉语

1. ________画展　　2. ________京剧
3. ________魔术　　4. ________中国文化

四、选词填空 Choose the words to fill in the blanks.

1. 昨天我________去邮局。　（不　没）
2. 明天我________去银行。　（不　没）
3. A：咱们打扫一下房间吧。
   B：房间________很干净吗？　（是　不是）
4. 这件衣服________小，有大________的吗？　（有点儿　一点儿）

五、给括号中的词语选择适当的位置

Choose the right positions for the words in the parentheses.

1. 昨天 A 安娜 B 去邮局 C 寄包裹 D。　（了）
2. 我 A 打算 B 在中国 C 学一年，现在 D 想学四年。　（原来）

3. 昨天下午 A 我 B 去 C 银行换 D 钱。　　（没）

4. A 这封信 B 字 C 我不 D 认识。　　（有的）

六、组句　Make sentences.

1. 词典　书店　昨天　买　我　了　去

____

2. 早饭　我　早上　今天　吃　没

____

3. 电影　上　你　周五　没有　看　了

____

4. 图书馆　他　常常　以前　书　看　去

____

七、用括号中的词语完成会话

Complete the dialogues using the words in the parentheses.

1. A：周末你去朋友家了吗？

　B：______________________________。（原来）

2. A：______________________________？（都）

　B：我们昨天上午去颐和园了，下午去北京大学了。

3. A：我喜欢听音乐，你呢？

　B：______________________________。（一样）

4. A：你的朋友们有什么爱好？

　B：______________________________。

（有的……，有的……）

八、完成会话　Complete the dialogues.

A：______________________________？

B：上周末我跟朋友去天津（Tiānjīn）了。

A：______________________________？

B：我们去看朋友了。

A：____？

B：天津很漂亮。

A：____？

B：我们吃狗不理包子（Gǒubùlǐ bāozi）了。

九、根据实际情况回答问题 Answer the questions.

1. 昨天晚上你做什么了？

2. 昨天晚上你吃晚饭了没有？

3. 昨天晚上你做作业了没有？

4. 昨天下课以后你去哪儿了？去那儿做什么了？

十、综合填空 Cloze

周末我❶________打算跟我的中国朋友一起去美术馆看画展。可是上周五妈妈的朋友❷________我打电话，说她周一要回国，她想周末❸________我一起过。我们一起去老舍茶馆❹________。我最喜欢的节目是变脸，❺________精彩了！这个周末我有点儿累，❻________很愉快。

周末我们班同学差不多都出去玩儿了。❼________去逛胡同了，❽________去参观博物馆了。大家都想❾________周末多看看北京，多❿________一些中国文化。

7 你能帮我买杯咖啡吗

姓名：________________

一、写汉字 Write the Chinese characters.

bāng 帮	帮 帮 帮 帮 帮 帮 帮 帮 帮
bié 别	别 别 别 别 别 别 别
miàn 面	面 面 面 面 面 面 面 面 面
biàn 遍	遍 遍 遍 遍 遍 遍 遍 遍 遍 遍 遍 遍
gāi 该	该 该 该 该 该 该 该 该
sài 赛	赛 赛 赛 赛 赛 赛 赛 赛 赛 赛 赛 赛 赛 赛
yù 预	预 预 预 预 预 预 预 预 预 预
diǎn 典	典 典 典 典 典 典 典 典

liàn	练 练 练 练 练 练 练 练
练	
dān	担 担 担 担 担 担 担 担
担	

二、组词　Make words.

例如：语：汉语

1. 词：________　　2. 赛：________

3. 典：________　　4. 考：________

5. 面：________　　6. 习：________

7. 容：________　　8. 格：________

9 心：________　　10. 定：________

三、填写动词　Fill verbs in the blanks.

例如：学习 汉语

1. ________生词　　2. ________词典

3. ________早餐　　4. ________比赛

四、选词填空　Choose the words to fill in the blanks.

1. 学校后天才开学，今天我们________去学校。（不用　不要）
2. 你________告诉我去动物园怎么走吗？（会　能）
3. 明天我想去美术馆看画展，可杰克________去。（不想　不要）
4. 今天我早上六点________起床了。（就　才）

五、给括号中的词语选择适当的位置

Choose the right positions for the words in the parentheses.

1. 今天早上 A 我九点 B 到 C 教室 D。（才）
2. A 有的生词 B 我 C 写一遍 D 会了。（就）
3. A 昨天晚上 B 我 C 在宿舍看 D 比赛。（一直）
4. 你 A 帮 B 我 C 预习 D 生词吗？（能）
5. 很多生词 A 我 B 还 C 会 D 写呢。（不）

六、组句　Make sentences.

1. 咖啡　帮　吗　我　杯　能　买　你

____

2. 差不多　昨天　金大成　两点　晚上　睡　才

____

3. 说　老师　可以　这　查　次　词典　考试

____

4. 昨天　应该　写　多　遍　几　真　晚上

____

七、用括号中的词语完成会话或句子

Complete the dialogues using the words in the parentheses.

1. A：你们什么时候到？

   B：______________________________。（马上）

2. A：______________________________？（别的）

   B：不要了。多少钱？

3. A：我这次考试没及格，很多汉字不会写。

   B：______________________________。（应该）

4. A：______________________________？（帮）

   B：当然可以！我正要去买早餐呢。

5. A：你觉得北京怎么样？

   B：______________________________。（不过）

6. 爸爸告诉我，妈妈最近身体不太好，______________________________。（担心）

八、完成会话　Complete the dialogue.

爱　子：金大成，你怎么了？

金大成：我昨天晚上睡得很晚，______________________________。

王一中：______________________________！上课了！

安　娜：老师，今天谁听写生词？

王一中：______________________________。

杰　克：老师，不是我，是金大成。

金大成：老师，＿＿＿＿＿＿＿＿＿＿＿＿＿＿＿＿。

王一中：没关系。来！金大成！

金大成：等一下，我再＿＿＿＿＿＿＿＿＿＿＿＿＿＿＿＿。

王一中：好，咱们开始吧！

九、根据实际情况回答问题　Answer the questions.

1. 你平时预习生词、复习课文吗？

2. 学习的时候，有不会的生词或语法你怎么办？

3. 你觉得汉字难吗？预习的时候你一般写几遍？

4. 你有什么预习生词的好方法？

十、综合填空　Cloze

今天①＿＿＿＿我听写了，昨天晚上我正在预习，杰克给我打来一个电话，问我是不是②＿＿＿＿和他一起看足球比赛。我告诉他，很多生词我还不③＿＿＿＿写呢。他说球赛很精彩，生词可以明天早上预习。我就和他一起看球赛了，我们差不多两点多④＿＿＿＿睡觉。今天早上七点我⑤＿＿＿＿到教室了。爱子到教室的时候，我正在练习生词。她让我⑥＿＿＿＿写了，跟她一起去买早餐，我没去。我问她能不能⑦＿＿＿＿我买一杯咖啡和一个面包，她说没问题。听写的时候，原来⑧＿＿＿＿写的都不会写了，看来昨天晚上真不⑨＿＿＿＿看球赛。下个星期还有考试，这次我一定⑩＿＿＿＿认真复习。

8 大夫给我开了一些药

姓名：________________

一、写汉字 Write the Chinese characters.

shū 舒	舒舒舒舒舒舒舒舒舒舒舒舒
fú 服	服服服服服服服服
liáng 量	量量量量量量量量量量量量
shāo 烧	烧烧烧烧烧烧烧烧烧烧
mǐn 敏	敏敏敏敏敏敏敏敏敏敏敏
yǎng 痒	痒痒痒痒痒痒痒痒痒痒痒
jià 假	假假假假假假假假假假假
hòu 候	候候候候候候候候候候

huò	或 或 或 或 或 或 或 或
或	
áo	熬 熬 熬 熬 熬 熬 熬 熬 熬 熬 熬 熬 熬 熬
熬	

二、组词 Make words.

例如：语：<u>汉语</u>

1. 夫：________　　2. 舒：________
3. 温：________　　4. 发：________
5. 验：________　　6. 结：________
7. 易：________　　8. 或：________
9. 注：________　　10. 净：________

三、填写动词 Fill verbs in the blanks.

例如：<u>学习</u> 汉语

1. ________肚子　　2. ________体温
3. ________药　　4. ________天气预报

四、选词填空 Choose the words to fill in the blanks.

1. 大夫给我________了一张假条。 （开　写）
2. 我感冒了，发烧，还有点儿头________。 （痒　疼）
3. 我来留学，爸爸妈妈很________我。 （怕　担心）
4. 这个问题可以问李伟________欧阳兰。 （还是　或者）

五、给括号中的词语选择适当的位置

Choose the right positions for the words in the parentheses.

1. 今天早上 A 我没有时间 B 吃饭，C 喝了 D 一杯咖啡。 （就）
2. 一个朋友 A 来找我 B，C，我没能去美术馆 D。 （结果）
3. 爱子去 A 中关村 B 买 C 一个新手机 D。 （了）
4. 明天我们吃 A 午饭 B 就去 C 欧阳兰家 D。 （了）

六、组句 Make sentences.

1. 晚上　熬夜　你　没有　昨天　了

____

2. 金大成　买　矿泉水　就　一瓶　了

____

3. 安娜　去　或者　美术馆　想　动物园

____

4. 大夫　了　我　请　药　一些　开

____

七、用括号中的词语完成会话或句子

Complete the dialogues or sentences using the words in the parentheses.

1. A：______________________________？（舒服）

   B：我肚子有点儿疼。

2. A：你发烧了，给你打一针吧。

   B：我不想打针，______________________________。（怕）

3. 北京冬天很冷，很______________________________。（容易）

4. 昨天我们______________________________。（……了……就）

5. A：______________________________？（还是）

   B：我们去吃中餐吧。

6. A：咱们周末去哪儿玩儿？

   B：______________________________。（或者）

八、完成会话 Complete the dialogues.

A：老师，杰克今天不能来上课。

B：他是不是病了？

A：是，____________________，这是____________________。

B：他怎么感冒了？

A：______________________________。

B：以后每天都应该看看天气预报。他吃药了吗？

A：＿＿＿＿＿＿＿＿＿＿。杰克说他明天来上课。

B：没关系，＿＿＿＿＿＿＿＿＿＿＿＿＿＿＿＿＿＿＿。

九、根据实际情况回答问题　Answer the questions.

1. 昨天你上了几节课？

2. 昨天你下了课去做什么了？

3. 昨天晚上你吃了什么？

4. 你一般什么时候做作业？

十、综合填空　Cloze

小王和朋友一起住，她很喜欢自己做饭。❶＿＿＿＿这个星期她有考试，还有很多作业，没有时间做饭，❷＿＿＿＿每天到学校附近的小饭馆吃饭。昨天她吃❸＿＿＿＿一❹＿＿＿＿面条，❺＿＿＿＿，晚上睡觉❻＿＿＿＿时候，觉得肚子很不舒服，❼＿＿＿＿了三四次。她自己❽＿＿＿＿了体温，有点儿发烧。今天上午她去❾＿＿＿＿了。大夫说她吃的东西不❿＿＿＿＿。小王想，以后不去那个小饭馆吃饭了，还是自己做饭比较好。

第二单元（第 5–8 课）练习

姓名：________________

一、听写句子 Dictate the sentences.

1. ____

____

____

2. ____

____

____

3. ____

____

____

4. ____

____

____

5. ____

____

____

二、填字游戏　Word puzzle

	包
食	

之	
	般

	美
魔	

	预
复	

	看	
吃		饼
	亮	

差		多
	及	
	格	

三、挑出与其他三个不同类的词语

Choose the one different from the other three words in each group.

例如：张	王	李	姓	姓
1. 爸爸	叔叔	阿姨	父母	______
2. 可乐	饺子	烤鸭	面包	______
3. 过敏	发烧	大夫	感冒	______
4. 美术馆	中秋节	动物园	服装店	______

四、搭配连线　Match the words on the left with those on the right.

1. 包	矿泉水	2. 看	肚子
发	饺子	拉	假条
查	体温	听	生词
量	胡同	开	画展
喝	词典	听写	中国文化
逛	短信	了解	天气预报

3. 给我　　差不多
跟杂技　　回来
对学生　　过敏
从动物园　　打针
对海鲜　　很热情

五、选词填空　Choose the words to fill in the blanks.

1. 回国的时候我要__________妈妈买个礼物。
A. 对　B. 给　C. 离　D. 跟
2. 安娜，我__________请你去吃西餐吗？
A. 会　B. 能　C. 要　D. 想
3. 我感冒了，可是我__________去医院。
A. 不会　B. 不能　C. 不要　D. 不想
4. 我们八点半上课，他九点__________来。
A. 正在　B. 就　C. 才　D. 一直

六、组句　Make sentences.

1. 有　明天　考试　不是　吗？　得　今天　复习　我　熬夜
____
2. 几　你　了　来　以后　朋友　认识　个　北京
____
3. 我　陪　喝　去　这　了　你　就　咖啡　杯
____
4. 服装　一　昨天　买　我　在　就　市场　件　衣服　了
____

七、用括号中的词语完成会话
Complete the dialogues using the words in the parentheses.

1. A：安娜写作业的时候有什么习惯？
B：____。（一边……，一边……）

2. A：杰克是不是你的好朋友？

B：______________________________。（之一）

3. A：今天晚上我们还一起看足球比赛吧。

B：______________________________。（别……了）

4. A：这次考试你考得怎么样？

B：考得不太好，______________________________。（该……了）

八、造句 Make sentences.

1. 一般

____

2. 原来

____

3. ……，结果，……

____

4. 有的……，有的……，有的……

____

九、改错 Correct the errors.

例如：他是哪国人吗？（×）

正确句子：他是哪国人？/他是美国人吗？

1. 他说汉语得不错。（×）

正确句子：______________________________

2. 昨天我没去邮局了。（×）

正确句子：______________________________

3. 上周五我去书店买一本词典了。（×）

正确句子：______________________________

4. 周末你想去看京剧或者看杂技？（×）

正确句子：______________________________

十、阅读短文，完成下列练习 Read the passage and do the following exercise.

在中国生活、学习，免不了会有身体不舒服的时候，这时候，你应该怎么去医院看病呢？

首先，你得知道自己该看什么科。医院基本上都有内科、外科、口腔科、耳鼻喉科、中医科等。要是你牙疼，应该去口腔科；耳朵、鼻子、嗓子不舒服，应该去耳鼻喉科；皮肤有问题，或者摔伤了，得去外科；感冒、肚子不舒服、高血压这些都要去内科。当然，如果你很相信中医，这些问题都可以找中医科。

知道看什么科了就可以去挂号，挂号一般是在医院的大厅里。你告诉挂号的大夫看什么科，他会给你挂号单和病历本，你拿着这些再去你要看的科。比方说你感冒了，先挂一个内科的号，拿着挂号单和病历本去找内科的医生，让他给你检查身体。大夫可能要你化验，那你得先去收费处交钱再去化验，然后等几分钟，取了化验的结果回内科找大夫。拿药前也要先去收费处交钱，再去药房取药。

选择正确答案 Choose the correct answers.

1. 这篇短文主要是说： （　　）

A. 怎么去看病　　B. 怎么去医院　　C. 医院有什么科

2. 看病的第一件事是： （　　）

A. 挂号　　B. 知道自己该看什么科　　C. 找大夫

3. 一个拉肚子的人应该去： （　　）

A. 口腔科　　B. 内科　　C. 外科

4. 一个高血压的人可以去： （　　）

A. 口腔科　　B. 外科　　C. 中医科

5. 挂号的时候大夫会给你什么？ （　　）

A. 挂号单　　B. 病历本　　C. 以上两个

6. 要是看病的时候，你做了化验，也拿了药，得去几次收费处？（　　）

A. 一次　　B. 两次　　C. 三次

十一、作文（任选一题，120 字以上）

Writing. (Choose a topic to write a composition of more than 120 characters.)

1. 我的周末生活
2. 我去看病了

120 字

240 字

9 那件比这件便宜两百块

姓名：________________

一、写汉字 Write the Chinese characters.

páo 袍	袍 袍 袍 袍 袍 袍 袍 袍 袍 袍
zǐ 紫	紫 紫 紫 紫 紫 紫 紫 紫 紫 紫 紫 紫
huì 惠	惠 惠 惠 惠 惠 惠 惠 惠 惠 惠 惠 惠
kuǎn 款	款 款 款 款 款 款 款 款 款 款 款 款
pà 帕	帕 帕 帕 帕 帕 帕 帕 帕
chóu 绸	绸 绸 绸 绸 绸 绸 绸 绸 绸 绸 绸
hé 盒	盒 盒 盒 盒 盒 盒 盒 盒 盒 盒 盒
xiān 鲜	鲜 鲜 鲜 鲜 鲜 鲜 鲜 鲜 鲜 鲜 鲜 鲜 鲜 鲜

cí 瓷	瓷 瓷 瓷 瓷 瓷 瓷 瓷 瓷 瓷 瓷
qì 器	器 器 器 器 器 器 器 器 器 器 器 器 器 器 器 器

二、组词 Make words.

例如：语：汉语

1. 色：______ 2. 袍：______

3. 优：______ 4. 季：______

5. 价：______ 6. 场：______

7. 特：______ 8. 丝：______

9. 鲜：______ 10. 器：______

三、填写动词 Fill verbs in the blanks.

例如：学习 汉语

1. ______礼物 2. ______旗袍

3. ______东西 4. ______朋友

四、选词填空 Choose the words to fill in the blanks.

1. 我的房间______他的房间那么大。（没有 比）
2. 我没有他______喜欢听音乐。（这么 那么）
3. 留学生宿舍______中国学生宿舍不一样。（跟 比）
4. 爱子写汉字写得比我快得______。（多 很）
5. 今天太累了，我们______明天去吧。（还是 就是）

五、给括号中的词语选择适当的位置

Choose the right positions for the words in the parentheses.

1. 坐飞机去 B 坐火车去 C 快 D 得多。（比）
2. A 这件衣服 B 比那件衣服 C 贵 D。（更）

3. 我们 A 宿舍 B 没有她们宿舍 C 干净 D。（那么）

4. 韩国菜 A 好吃是好吃，B 太 C 辣 D 了。（就是）

5. 我 A 跑得 B 跟他 C 快 D。（一样）

六、组句　Make sentences.

1. 这　花的　紫的　条　比　条　那　好看

____

2. 俄罗斯　这么　中国　的　茶叶　没有　的　新鲜

____

3. 北京　旗袍　多　的　我们　的　比　那儿　贵　得

____

4. 我　麦克　汉语　不如　说　流利　说　得

____

5. 漂亮　漂亮　是　价格　了　贵　太　就是

____

七、用括号中的词语完成会话

Complete the dialogues using the words in the parentheses.

1. A：______________________________？（打折）

B：这件旗袍可以给你打九折。

2. A：这种茶好喝吗？

B：______________________________。

（……是……，就是……）

3. A：北京的东西怎么样？

B：有的东西______________，有的东西______________________。

（比　没有……那么……）

4. A：你觉得今天去好还是明天去好？

B：______________________________。（还是）

八、完成会话 Complete the dialogues.

A：____？

B：星期天去逛街怎么样？

A：星期天人太多了，____________________________。

B：好！咱们怎么去？

A：坐地铁（dìtiě subway）去怎么样？______________________________快。

B：好。你觉得去哪儿逛比较好？

A：西单的东西____________王府井的____________，不过价格比那儿便宜一些。

B：那咱们就去西单吧。

九、根据实际情况回答问题 Answer the questions.

1. 你平时都去哪儿逛街？

2. 逛街的时候你常买什么东西？

3. 你们家人最喜欢中国的什么特产？

4. 你们国家有卖中国特产的商店吗？价格和中国比怎么样？

十、综合填空 Cloze

我觉得中国菜❶________西餐好吃，我很喜欢吃，而且吃❷________很多，两三个月就比原来胖了五公斤。我喜欢在中国买衣服，中国的衣服比我们国家的便宜❸________，可是，有些衣服❹________我们那儿的❺________好看。我还喜欢去中国的酒吧（jiǔbā bar），中国啤酒（píjiǔ beer）❻________我们那儿的好喝，可是价格很便宜。周末我常和同学去三里屯的酒吧喝酒，我们一般❼________地铁去。我现在还不习惯这里的上课时间，我们那儿九点上课，这儿八点❽________上课了，比我们那儿早❾________。我有很多不习惯的地方，不过我❿________非常喜欢在北京的生活的。

10 我每周六学一个小时武术

姓名：________________

一、写汉字 Write the Chinese characters.

chí	迟	迟迟迟迟迟迟迟
lǎn	懒	懒懒懒懒懒懒懒懒懒懒懒懒懒懒懒懒
bù	步	步步步步步步步
wǔ	舞	舞舞舞舞舞舞舞舞舞舞舞舞舞舞
wǔ	武	武武武武武武武武
fù	富	富富富富富富富富富富富富
líng	龄	龄龄龄龄龄龄龄龄龄龄龄龄龄
cān	参	参参参参参参参参

jù	聚 聚 聚 聚 聚 聚 聚 聚 聚 聚 聚 聚 聚 聚
聚	

jiē	街 街 街 街 街 街 街 街 街 街 街 街
街	

二、组词 Make words.

例如：语：<u>　　汉语　　</u>

1. 班：________　　2. 打：________

3. 园：________　　4. 跑：________

5. 跳：________　　6. 富：________

7. 年：________　　8. 郊：________

9. 希：________　　10. 团：________

三、填写动词 Fill verbs in the blanks.

例如：<u>学习</u>汉语

1. ________房间　2. ________公园　3. ________家教　4. ________聚会

四、选词填空 Choose the words to fill in the blanks.

1. 我每天跑________个小时步。（多　半）
2. 天怎么这么黑？________一会儿要下雨。（看来　看）
3. 很多人周末都出去玩儿，我________，就喜欢在宿舍里休息。（呢　吗）
4. 我周末要去踢一________足球比赛。（个　场）

五、给括号中的词语选择适当的位置

Choose the right positions for the words in the parentheses.

1. 今天早晨，我A睡B了C个D觉。（懒）
2. 昨天我给妈妈A打B了C一晚上D电话。（的）
3. A妈妈，我能不能B看C电视D？（一会儿）
4. 我A也B常C练武术D。（原来）
5. 我A来中国两B个C月D了。（半）

六、组句　Make sentences.

1. 我　时间　等　了　好长　你

____

2. 去　我　想　郊区　两天　玩儿

____

3. 周　我　每　两个　学　小时　武术　的

____

4. 汉语　你　多长　学　了　学　了　时间

____

七、用括号中的词语完成会话或句子

Complete the dialogues or sentences using the words in the parentheses.

1. A：她比以前漂亮多了。

   B：____。（看来）

2. A：中国人一般怎么过周末？

   B：____。（怎么说呢）

3. A：____？（记得）

   B：他喜欢吃西红柿炒鸡蛋。

4. 又是新的一年，____。（希望）

八、完成会话　Complete the dialogues.

A：你怎么才吃早饭？都十点了。

B：____。

A：你每个周末都这样吗？

B：没有，就今天。

A：____？

B：怎么说呢？____。你呢？

A：____。

B：你的周末生活真丰富！

九、根据实际情况回答问题　Answer the questions.

1. 你一般怎么过周末？

2. 你觉得你的周末生活怎么样？

3. 这个周末你打算怎么过？

十、综合填空　Cloze

上班以后，工作很忙，常常❶________，比上学的时候累❷________。上大学时，我每天上五六个小时的❸________。❹________以后常去图书馆，也常去❺________身体。周末，有时去❻________同学聚会、出去玩儿，❼________在宿舍学习，生活很❽________。现在的生活❾________累了，真❿________能再回学校去读书！

11 我说汉语说得越来越好了

姓名：________________

一、写汉字 Write the Chinese characters.

wài 外	外 外 外 外 外
zhào 照	照 照 照 照 照 照 照 照 照 照 照 照 照
xiàng 像	像 像 像 像 像 像 像 像 像 像 像 像 像
shòu 瘦	瘦 瘦 瘦 瘦 瘦 瘦 瘦 瘦 瘦 瘦 瘦 瘦 瘦 瘦
nì 腻	腻 腻 腻 腻 腻 腻 腻 腻 腻 腻 腻 腻 腻
là 辣	辣 辣 辣 辣 辣 辣 辣 辣 辣 辣 辣 辣 辣 辣
piān 篇	篇 篇 篇 篇 篇 篇 篇 篇 篇 篇 篇 篇 篇 篇 篇
yuè 越	越 越 越 越 越 越 越 越 越 越 越 越

jiǎn	减 减 减 减 减 减 减 减 减 减 减
减	
kǎ	卡 卡 卡 卡 卡
卡	

二、组词 Make words.

例如：语：___汉语___

1. 秋：________　　2. 校：________
3. 机：________　　4. 影：________
5. 会：________　　6. 文：________
7. 目：________　　8. 变：________
9. 现：________　　10. 身：________

三、填写动词 Fill verbs in the blanks.

例如：__学习__汉语

1. ______合影　　2. ______约会
3. ______作文　　4. ______变化

四、选词填空 Choose the words to fill in the blanks.

1. 我们明天______考试了。（就要　快要）
2. 我马上______出发了。（要　快）
3. 来中国以后，我越来越胖______。（了　吧）
4. 她______变化挺大的。（得　的）
5. 这张______照得不错。（照相　照片）

五、给括号中的词语选择适当的位置

Choose the right positions for the words in the parentheses.

1. 他 A 不 B 会 C 说 D 汉语。（好像）
2. 我哥哥马上 A 去 B 美国 C 学习 D 了。（就要）

3. 我 A 比 B 刚来 C 中国的时候瘦 D 五斤。（了）

4. 秋天 A 快要到了，天气 B 冷 C 了 D。（越来越）

5. 我 A 太 B 喜欢吃中国菜了，所以 C 胖了 D。（越来越）

六、组句　Make sentences.

1. 我　你　的　漂亮　这　照　张　真　给　照片

____

2. 我　不　自己　小　变化　的　还　真　发现

____

3. 汉语　现在　越来越　我　说　了　得　的　好

____

4. 中国菜　越　我　吃　吃　爱　越

____

5. 比　我　刚　来　了　十斤　胖　的时候

____

6. 是不是　我　了　减肥　应该

____

七、用括号中的词语完成句子或会话

Complete the dialogues using the words in the parentheses.

1. A：今天晚上一起吃饭吧。

B：______________________________。（约会）

2. A：______________________________？（照相）

B：不太喜欢，照片上的我总是很难看。

3. A：______________________________？（好像）

B：对，王老师说明天是中秋节，不上课。

4. A：你的汉语说得怎么样了？

B：______________________________。（越来越）

5. 你看，雨______________________________。（越……越……）

八、完成会话 Complete the dialogues.

A：你刚来中国的时候，会说汉语吗？

B：____。

A：现在呢？

B：____。

A：刚来中国的时候，你对这儿的生活习惯吗？

B：____。

A：什么地方不习惯？

B：____。

A：现在喜欢吃中国菜了吗？

B：____。

九、根据实际情况回答问题 Answer the questions.

1. 现在中国是什么季节？你们国家呢？

2. 你来中国以后有变化吗？你最大的变化是什么？你喜欢这些变化吗？

3. 你知道减肥的好方法吗？

4. 你喜欢吃中国菜吗？为什么？

十、综合填空 Cloze

我❶________来中国的时候就发现，中国菜❷________油腻，但是很好吃，我非常喜欢吃，每天都吃❸________很多，所以我❹________胖，比刚来的时候胖❺________五公斤。我知道不能这样❻________。还有，夏天马上❼________到了，我要穿我漂亮❽________裙子（qúnzi skirt），我打算❾________，你们能不能❿________我减肥的好方法？

12 我想在学校外面租套房子

姓名：________________

一、写汉字 Write the Chinese characters.

tào 套	套套套套套套套套套套
jū 居	居居居居居居居居
shì 视	视视视视视视视视
qiú 求	求求求求求求求
tiáo 调	调调调调调调调调调调
tàng 趟	趟趟趟趟趟趟趟趟趟趟趟趟趟趟趟
wò 卧	卧卧卧卧卧卧卧卧
chú 厨	厨厨厨厨厨厨厨厨厨厨厨厨

jù 具	具 具 具 具 具 具 具 具
jīn 金	金 金 金 金 金 金 金 金

二、组词 Make words.

例如：语：汉语

1. 职：______　　2. 房：______
3. 机：______　　4. 求：______
5. 调：______　　6. 当：______
7. 迷：______　　8. 厅：______
9. 室：______　　10. 交：______

三、填写动词 Fill verbs in the blanks.

例如：学习 汉语

1. ______房子　　2. ______电视
3. ______押金　　4. ______啤酒

四、选词填空 Choose the words to fill in the blanks.

1. 下午我要去______邮局。（趟　次）
2. 今天我读了三______课文。（趟　遍）
3. 这______房子有两______卧室。（套　间）
4. 他学习很努力，______这次考得不太好。（当然　但是）

五、给括号中的词语选择适当的位置

Choose the right positions for the words in the parentheses.

1. A 他 B 帮了我 C，我 D 要谢谢他。（当然）
2. A 他 B 会说汉语，C 他的姐姐 D 也会说汉语。（不但）
3. 不但 A 房子面积很小，B 交通 C 也 D 不太方便。（而且）
4. A 我 B 去一趟吧，C 你不能去 D 的话。（要是）

六、组句　Make sentences.

1. 一台　一台　卧室　有　和　里　空调　电视机

____

2. 叫　欧阳兰　回　的　她　妈妈　一趟　家

____

3. 我们　不但　动物园　去　了，去　王老师　我们　和　一起　也　了

____

4. 要是　问题　有，老师　就　问

____

七、用括号中的词语完成会话或句子

Complete the dialogues or sentences using the words in the parentheses.

1. A：你为什么不租这套房子？

B：______________________________。（因为……，所以……）

2. 食堂的饭菜______________________________。（不但……，而且……）

3. ______________________________，但是不如中国商店的便宜。

（虽然……）

4. A：您租不租这套房子？

B：______________________________。（要是……（的话），……）

八、完成会话　Complete the dialogues.

A：您好！我想租一套房子。

B：您好！______________________________？

A：有没有语言大学里面的？

B：有五六套呢！您想租多大的房子？

A：______________________________。

B：______________________________？

A：要有电话、电视、空调和家具，能上网。

B：有一套一居的，很不错，____________________，好吗？

A：好。

九、根据实际情况回答问题　Answer the questions.

1. 你在宿舍住还是在外面租房子住？

2. 你住的房子租金是多少？

3. 你的房间里有空调和电视机吗？

4. 你住的地方有没有厨房和卫生间？

十、综合填空　Cloze

小李以前在宿舍住。他的房间❶________大门很近，每天早上五六点❷________有人出来、进去，很晚还有人说话，所以他晚上❸________得不好。现在，他在学校附近租了一❹________房子。房子的❺________不大，❻________有两个小卧室。里面有空调、有电视、带家具，❼________租金很便宜。因为是两居，❽________他想找个人跟他一起租。❾________你也想租房子，可以到他那儿去看看。不远，去一❿________只要十分钟。

第三单元（第 9–12 课）练习

姓名：________________

一、听写句子 Dictate the sentences.

1. ______________________________

____

____

2. ______________________________

____

____

3. ______________________________

____

____

4. ______________________________

____

____

5. ______________________________

____

____

二、填字游戏　Word puzzle

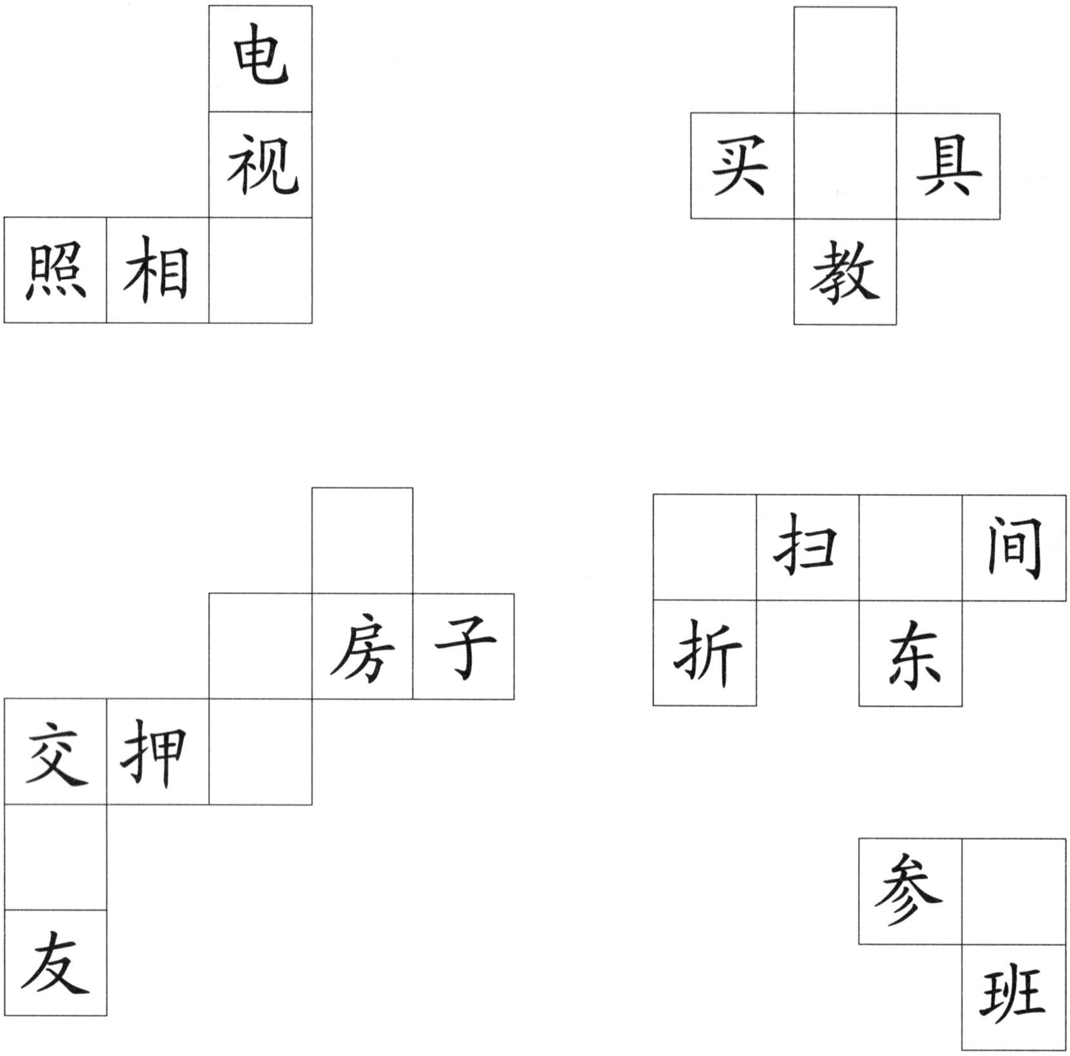

三、挑出与其他三个不同类的词语

Choose the one different from the other three words in each group.

例如：张　王　李　姓　　姓

1. 客厅　卧室　厨房　家具　________

2. 街　间　场　斤　________

3. 丝绸　特产　瓷器　茶叶　________

4. 跳舞　游泳　参加　见面　________

四、搭配连线 Match the words on the left with those on the right.

1. 照	聚会	2. 一件	比赛
踢	房子	一条	旗袍
交	卡	一盒	茶叶
办	超市	一场	电视机
逛	照片	一台	作文
参加	押金	一套	超市
打扫	卫生间	一篇	房子
租	球	一家	手帕

五、选词填空 Choose the words to fill in the blanks.

1. 下个月我________回国了。

   A. 快要　　B. 要是　　C. 就要　　D. 快

2. 明天我要去________日本。

   A. 篇　　B. 趟　　C. 套　　D. 遍

3. ________你去我就去。

   A. 还是　　B. 但是　　C. 就是　　D. 要是

4. 那家商场________有点儿远，________正在打折。

   A. 又……又……　　B. 一边……，一边……

   C. 虽然……，但是……　　D. 不但……，而且……

六、组句 Make sentences.

1. 北方　的　没有　那么　的　南方　热　夏天

   ____

2. 虽然　多　的　今天　不　作业，我　做　但是　了　一　小时　多　个

   ____

3. 越　汉语　越　有意思　学，汉语　我　好　也　的　越来越　了

   ____

4. 有　要是　的话　你　时间，陪　趟　我　一　吧　书店　去

   ____

七、用括号中的词语完成会话或句子

Complete the dialogues or sentences using the words in the parentheses.

1. A：今天下午陪我逛逛商店怎么样？

   B：________________________________。（还是）

2. A：我比以前胖了十多斤。

   B：________________________________。（看来）

3. 快跑！________________________________。（就要……了）

4. A：你每个周末都睡懒觉吗？

   B：________________________________。（怎么说呢）

八、造句 Make sentences.

1. ……是……，就是……

____

2. 越……越……

____

3. 因为……，所以……

____

4. 不但……，而且……

____

5. 要是……（的话），……

____

6. 虽然……，但是……

____

九、改错 Correct the errors.

例如：他是哪国人吗？（×）

正确句子：他是哪国人？/他是美国人吗？

1. 今天比昨天很热。（×）

   正确句子：________________________

2. 他比我一点儿高。（×）

   正确句子：________________________

3. 今天下午我要去见面朋友。（ × ）

正确句子：________________________________

4. 我看电视一下午了。（ × ）

正确句子：________________________________

5. 他下个月快要过生日了。（ × ）

正确句子：________________________________

6. 不但他会说法语，而且会说汉语。（ × ）

正确句子：________________________________

十、阅读短文，完成下列练习　Read the passage and do the following exercises.

我的家离学校不太远，我每天早晨走路去学校，一边走一边看北京的早晨是什么样的。我发现了不少好玩儿的事情。

北京的车真多，特别是早晨。自行车、公共汽车、出租车、私家车什么的都在路上跑。其中，坐公共汽车的最多，有去上学的学生、去上班的上班族（zú class or group of somebody or something with common features）、去送孩子的老人等等。

在我们国家，大家一般都在家里吃早饭。在北京，我发现不少人喜欢在外面吃。他们有的在小饭馆里吃，有的就在路边随便买点儿什么。吃的东西呢，面包、牛奶很少，比较多的是包子、煎饼、油条、豆浆、豆腐脑儿什么的。上周，我也开始在外面吃早饭了，不但很方便，而且很好吃。

进了学校，新鲜事儿也不少。北京语言大学里有很多学外语的中国学生，早晨的时候他们喜欢在小花园里朗读，英语、法语、日语、韩语、西班牙语、阿拉伯语……好像到了联合国。校园里还有不少老人，他们当然不是在学习，他们在锻炼身体，打太极拳、跳舞、散步、做操……

我喜欢北京的早晨。

判断正误　True or False.

1. 在上学的路上，作者（zuòzhě writer）发现了很多有意思的事情。（　　）
2. 北京的早晨，路上最多的是出租车。（　　）
3. 北京人早晨喜欢吃包子、油条、豆浆、面包。（　　）
4. 作者在北京大学读书。（　　）
5. 早晨，校园里有不少老人在锻炼身体。（　　）

回答问题：

在上学的路上，作者都发现了哪些好玩儿的事情？

十一、作文（任选一题，120 字以上）

Writing. (Choose a topic to write a composition of more than 120 characters.)

1. 我来中国以后的变化

2. 我想租房子

____

120 字

240 字

第 1–12 课期末模拟试题

姓名：________________

一、听写句子（10 分，每句 2 分） Dictate the sentences.

1. ______________________________

2. ______________________________

3. ______________________________

4. ______________________________

5. ______________________________

二、给括号中的词语选择适当的位置（10 分，每题 1 分）

Choose the right positions for the words in the parentheses.

1. 我 A 给你们 B 介绍 C 一下这套房子 D。（来）
2. A 中国人 B 打招呼的方式 C 有意思的 D。（挺）
3. 中秋节 A 是中国 B 最重要的 C 节日 D。（之一）
4. 昨天我跟 A 朋友一起去 B 老舍茶馆 C 看节目 D。（了）
5. 今天早上我 A 七点半 B 到 C 学校 D 了。（就）
6. 明天我打算 A 吃 B 晚饭就去 C 超市 D 买东西。（了）
7. 我们 A 快 B 进教室吧，C 上课 D 了。（该）
8. 我们那儿旗袍 A 的样子 B 没有北京的 C 多 D。（这么）
9. 我们 A 再 B 等 C 一会儿 D。（他）
10. A 我 B 喜欢 C 中国武术 D，而且我的好朋友也喜欢。（不但）

三、选词填空（10 分，每题 1 分）

Choose the words to fill in the blanks.

1. 一直________前走，大概三四百米就到了。（从　离　往）
2. 这个词我写了十遍________会。（就　才）
3. 我今天很忙，不________陪你去服装市场了。（会　能　要）
4. 我姐姐下个星期________来看我了。（就要　快要）
5. 你这么不舒服，快去一________医院吧。（次　遍　趟）
6. 我们坐公共汽车________出租车都可以。（还是　或者）
7. 我________你不一样，我不喜欢吃中餐，我喜欢吃西餐。（跟　比　没有）
8. 这件衣服比那件贵________。（一点儿　有点儿）
9. 我朋友的父母________我很热情。（对　给）
10. A：我的手机________？

    B：这不是________？在你的桌子上。（呢　吧　吗）

四、用括号中的词语完成会话（20 分，每题 2 分）

Complete the dialogues using the words in the parentheses.

1. A：这个周末我们还去看电影吧。

   B：______________________________。（别……了）

2. A：你从家到学校要多长时间？

   B：______________________________。（大概）

3. A：这次考试我考得比上次好。

   B：______________________________。（看来）

4. A：这个商店的丝绸真漂亮！

   B：______________________________。（……是……，就是……）

5. A：我们这个周末去逛公园，怎么样？

   B：______________________________。（还是）

6. A：你喜欢吃北京烤鸭吗？

   B：______________________________。（之一）

7. A：你觉得汉语有意思吗？

   B：______________________________。（越……越……）

8. A：明天下午你能陪我去商场买衣服吗？

   B：______________________________。

   （要是……（的话），就……）

9. A：你周末都做什么？

   B：______________________________。（怎么说呢）

10. A：你的同屋怎么样？

    B：______________________________。（不但……，而且……）

五、组句（10 分，每题 2 分） Make sentences.

1. 周末　去　我　郊区　两天　玩儿　想

   ____

2. 汉语　好　他　说　比　得　我　多了

   ____

3. 我　去　课　了　下　食堂　就　吃饭

   ____

4. 来　我　多　了　月　两个　中国

____

5. 有　的　明天　一个　考试　重要，得　今天　复习　我　熬夜　晚上

____

六、根据所给情景完成会话（20 分，每句 2 分）

Complete the conversations based on the situations given.

（情景：中国学生 A 与外国留学生 B 聊天儿。）

A：你来中国多长时间了？

B：______________________________。

A：______________________________？

B：刚来的时候我不会说汉语。

A：现在你的汉语说得真好！______________________________？

B：有的地方已经习惯了，有的地方还不习惯。

A：______________________________？

B：我不习惯吃中国菜，有的菜太油腻。

A：______________________________？

B：我自己在家做饭。

A：______________________________？

B：我住学校附近。

A：来学校上课很方便吧？

B：方便是方便，可是______________________________。

A：______________________________？

B：一个月三千多。

A：______________________________？

B：我们一个星期二十节课。

A：你们的课挺多的。你周末一般做什么？

B：有时候在宿舍休息，______________________________。

A：那么有时间我们一起去看电影吧，我也喜欢看电影。

B：好啊！

七、综合填空（10 分，每空 1 分） Cloze

我❶______杰克，是美国留学生，现在❷______北京语言大学学习汉语。我来北京已经七个月❸______。刚来❹______时候，北京是夏天，天气特别热。我们那儿的夏天可没有北京❺______热。秋天的时候，天气不冷❻______不热，我很喜欢北京的秋天。北京的冬天❼______我们那儿冷得多。我不太习惯北京的气候，❽______常常感冒。虽然还有点儿不习惯，❾______我很喜欢北京。在这里我过❿______很愉快。

八、作文（10 分，任选一题，120 字以上）

Writing. (Choose a topic to write a composition of more than 120 characters.)

1. 我的爱好
2. 我的同学
3. 我在中国的生活

____

120 字

240 字

360 字

汉语言专业本科系列教材

“十二五”国家重点出版物出版规划项目

汉语言专业本科系列教材·综合类

ELEMENTARY CHINESE: COMPREHENSIVE COURSE (I)

初级汉语综合教程 上

本册主编：魏新红

编　　者：魏新红　刘　畅　闻　亭　孙文访　董　政　刘敬华

翻　　译：何　洁

1

ERYA CHINESE

尔雅中文

北京语言大学出版社

BEIJING LANGUAGE AND CULTURE UNIVERSITY PRESS

图书在版编目（CIP）数据

初级汉语综合教程（上）1/ 魏新红主编．—北京：北京语言大学出版社，2013.5
（尔雅中文）
ISBN 978-7-5619-3517-0

Ⅰ.①初…　Ⅱ.①魏…　Ⅲ.①汉语—对外汉语教学—教材　Ⅳ.①H195.4

中国版本图书馆 CIP 数据核字（2013）第 101567 号

"十二五"国家重点出版物出版规划项目

书　　名：尔雅中文　初级汉语综合教程（上）1
ERYA ZHONGWEN　CHUJI HANYU ZONGHE JIAOCHENG (SHANG) 1
责任印制：汪学发

出版发行：北京语言大学出版社
社　　址：北京市海淀区学院路 15 号　**邮政编码：**100083
网　　址：www.blcup.com
电　　话：发行部　010-82303650 / 3591 / 3648
编辑部　010-82303647 / 3592 / 3395
读者服务部　010-82303653 / 3908
网上订购　010-82303668　service@blcup.com
印　　刷：北京中科印刷有限公司
经　　销：全国新华书店

版　　次：2013 年 6 月第 1 版　　2013 年 6 月第 1 次印刷
开　　本：889 毫米 ×1194 毫米　1/16
印　　张：课本 15　练习活页 4.75
字　　数：352 千字
书　　号：ISBN 978-7-5619-3517-0 / H·13091
定　　价：72.00 元

总　序

《尔雅中文——汉语言专业本科系列教材》（以下简称《尔雅中文》）是面向以汉语作为第二语言的学习者的汉语言专业本科学历教育教材，是继上世纪 90 年代至本世纪初出版的《对外汉语本科系列教材》之后推出的新一代大型系列教材。

近年来，国际职场对复合型汉语人才的需求猛增，对专业建设、教学改革、课程建设以及教材编写都提出了新的要求。我们顺应这一发展趋势，将汉语言专业的人才培养目标由以往单纯强调语言技能的“汉语专门型人才”调整为目前的具备“语言 + 专业”复合能力的“汉语通用型人才”，在汉语言专业陆续增设一些新的方向，凸显出汉语言专业课程体系的时代特色。但是，我们充分认识到，对于汉语言专业的学生而言，核心问题仍是如何更有利于自身语言能力的提高，特别是语言交际能力、认知能力、跨文化交流能力等综合性、复合型能力的提升。因此，虽在语言技能、语言知识课程外增设了较为系统的历史文化、国情社会、经济商务等方向课程，但是，这些课程不是仅用来灌输知识的，而是为更好地扩展语言能力而服务，以语言能力培养为核心的理念并未改变。

《尔雅中文》教材体系与专业课程体系紧密相连，包含了横向和纵向两个序列：横向上，在不断完善语言技能、语言知识、文化系列教材的基础上，增设了较为系统的商务、翻译、教学等专业方向的专业语言技能和专业知识教材；纵向上，建立起更为缜密的综合课与听、说、读、写、译各分技能课的一至四年级的梯度等级，平衡了一般技能课跟各序列的专业技能课、知识课的比例。横向与纵向协调发展，形成了汉语言专业本科大型教材的网状系统，最大程度地体现出专业教学的系统性、关联性、层级性和针对性，也为以汉语言专业为依托、面向汉语作为第二语言学习者的本科专业群的建设奠定了坚实的基础。《尔雅中文》教材相对应的课程序列与梯度等级如图所示：

课程序列与梯度等级示意图

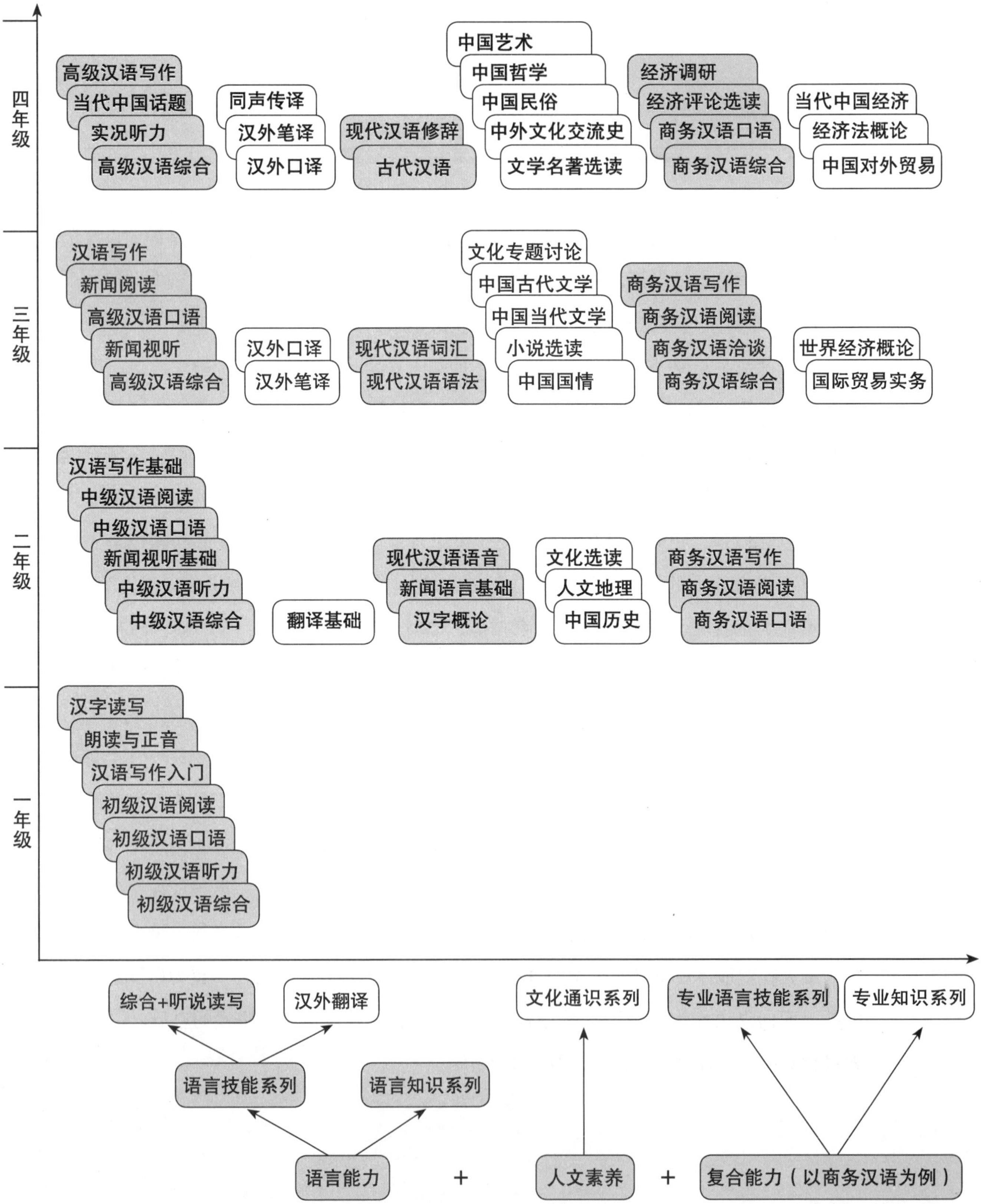

《尔雅中文》系列教材在继承上一代《对外汉语本科系列教材》长处的同时，更加贴近现实社会需要和学习者的需求，也融入了近些年汉语言专业课程建设与教学改革的多方面成果，从而呈现出崭新的面貌，形成了自己的特点。概括起来有以下四点：

一、总体设计更具系统性和前瞻性，最大程度地反映出专业人才培养的新目标

语言技能、语言知识、文化知识、专业语言技能、专业知识五大板块既相互关联，又各自独立。语言技能课程贯穿始终，凸显以养成语言能力为主的专业发展理念；文化知识序列不断丰富，体现出对汉语国际教育本质的全面认识，自觉地将提升人文素质、培养全面发展的人作为汉语言专业本科教育的最终目标。专业技能和知识课程在中高级阶段逐步增加，循序渐进，实现由初级的“语言技能＋语言知识”基础能力向中高级的“语言＋专业”综合能力的自然过渡。同时，各专业方向的教材都具有自身特色，自成体系，体现了统一中的多样性，也体现了专业人才培养模式向厚基础、宽口径、复合型的转变。

二、语言技能序列的设计更具延展性，结构更加合理

作为面向汉语作为第二语言学习者的汉语言专业本科系列教材，由汉语综合技能与以“听、说、读、写”分立形成的各分技能训练无疑是其主干部分。这套教材的设计与编写，不仅填补了中高级阶段“听、说、读、写”分技能教材的诸多空白，而且增强“译”这一重要的技能，形成了“听、说、读、写、译”各自独立并相互关联的完整的分技能序列。与此同时，初、中、高各教学阶段逐层递进，且横向延伸，使得语言技能教材序列更加协调和完整。由于汉语综合课以及听、说、读、写、译各技能课都自成体系，具备面向初、中、高三个阶段、四个年级的多层级和覆盖面广的特点，因此，教材的使用范围、对象就不限于本科学历教育，而是对各种层次和需求的中文学习者都具有不同程度的适用性，可以各取所需。

三、强化以学习者为中心的教材编写意识，跨文化视角更加突出

编写者大都为多年从事汉语作为第二语言教学工作的资深教师，基本上都具有海外汉语教学的经历，对不同课型的教学原则和实践策略有着较为深入的了解和体会，对大量的同类汉语教材的编写理念以及教学法、跨文化交际理论等做过前期研究。从教师规划学习内容、层级、知识点，到编排教材中的练习及设计课堂活动，尽量从学生学习的视角和跨文化的视角去安排、镕裁，换言之，更加重视教材编排跟教学过程、习得过程与效果的关联程度，使语言及文化、商务的教材内容丰富而生动，以提高学生主动学习的兴趣以及课堂活动的参与度。

四、通过调查统计、大纲设计和试用试验等环节，使教材编写有章可循，科学实用

新一代汉语言专业本科系列教材的编写工作启动于 2007 年，首先对原有教材、国内外市场同类教材的使用情况进行调研。编写者均为相应课型的任课教师，且大多参与过上一代教材的编写工作，对任务轻重和努力方向都有较深的体会。同时，组织资深的教学研究专家以及语言、文化、商务、翻译等领域专家，与教材编写小组共同研讨，确立各部教材的基调，审阅推敲文稿，斟酌取舍。教

材编写过程较长，各位作者付出了大量心血，已编成的教材提交出版前大多试用过几个学期，对象涉及来自世界上80多个国家和地区的上千名留学生，每学期试用后，教师都会汇总情况，分析研究，做出适当的修订、更新。

大纲是教材编写的重要前提，并贯彻于整个编写过程。教材与大纲处于动态关系之中，大纲统摄教材，但并非一成不变，教材编写促使大纲趋于完善。本系列教材主要参照《高等学校外国留学生汉语言专业教学大纲》（2002）和《新汉语水平考试大纲（1–6级）》（2009、2010），同时参酌各类语言大纲、框架、标准、词表、调查报告等研究成果，其中的各个序列、各部教材都按照自身性质与类型，研制了便于操作的词汇、语法、功能及话题大纲，既自成一体，又相互照应。对此，各部教材都有自己的编写前言，会做更详细的说明。大纲编订与教材编写相辅相成，教材一面世，大纲也随即推出，如商务汉语方向的教材编写者同时研制出版了《经贸汉语本科教学词汇大纲》（2012），文化大纲的编订也与教材编写协调配合，这些使得教材编写的科学性和内在系统性得以保障。

根据不同的课程性质和专业方向，《尔雅中文》系列教材划分为四大序列：汉语言技能与知识；汉外翻译；文化通识；商务汉语。翻译往往被视为一种语言技能，原本可归入语言技能与知识序列，但鉴于翻译能力是一种复合能力，翻译类课程及教材在一至四年级自成一统，翻译综合课、口译课、笔译课等体系完备，且涉及多个国别，所以这里单列出来。

北京语言大学面向留学生开办汉语言专业的本科学历教育，始于上世纪70年代末，其成长过程历史地见证了中国改革开放以来汉语国际教育的发展。历经几代人的辛勤努力，2008年9月，汉语言专业被批准为国家级高等学校特色专业；2010年7月，汉语言专业教学团队被评为国家级教学团队。这套教材的大部分编著者均出自这一专业团队。汉语言专业的每一步改革与创新，都离不开北语几代对外汉语教育工作者的关心与鼓励，离不开学校领导及海内外专家的大力支持。这里要特别感谢北京语言大学出版社董事长戚德祥、总编辑张健和各位责任编辑，这套教材历经数年终于得以问世，跟他们的严谨态度、耐心督促和细致工作密不可分，而教材得以入选新闻出版总署“十二五”国家重点出版物出版规划项目，正是教材编写规划团队与编辑出版团队精诚合作的结果。

系列教材取名“尔雅”，众所周知，《尔雅》是中国古代汇集分类专门词语以供人学习的经典，这里取其字面义，“尔”通“迩”，“尔雅”指趋于雅正、得体。语言学习不可一蹴而就，而是一个不断接近目标语和目标文化的累积过程，或许正因如此，英人威妥玛（Thomas Francis Wade）将其所编的汉语口语和书面语教材命名为《语言自迩集》和《文件自迩集》。我们编写新一代汉语言专业本科系列教材，同样是希望学生通过系统的学习，逐渐接近目标语言与文化，获得较强的跨文化交流能力，最终不仅要达到较高的汉语水平，而且要更加深入地了解中国社会政治经济和历史文化。

是为总序。

郭　鹏

于北京语言大学

编写说明

适用对象

本教材是留学生汉语言专业本科一年级必修课的综合课教材，适用对象主要针对已有一定汉语基础（词汇量 300-500 词）的本科一年级留学生，也可供具有同等水平的进修生和其他学习者使用。

本教材分为上、下两册。上册为语法阶段，供一年级第一个学期使用，分为一、二两册，每册 12 课，4 课为一个单元，一共 24 课，六个单元，每个单元有语法总结和单元练习。下册为词汇短文阶段，供一年级第二个学期使用，分为一、二两册，每册 9 课，共 18 课。

培养目标

本教材着力培养学生听、说、读、写四项言语技能和基本交际能力。语言知识训练与言语技能训练相互结合，同步进行。要求学生了解现代汉语的基本特点，并学会比较准确地运用汉语进行初级水平的口头和书面表达。同时，注意培养学生学习汉语的兴趣和方法。

编写理念

本教材继承北京语言大学编写综合汉语教材的传统，以句法结构为纲，兼顾交际功能和文化。结构、功能、文化相结合是本教材的编写原则。我们根据语法结构的特性，在语法的引入及操练、课文的编写、练习的设计上都注重交际性，尽量设置真实情景，融合功能与文化，力求做到三方面的结合。

本教材在总体设计上借鉴第二语言习得理论。每一课从学习提示，到热身活动，到课堂练习的编排，到课后任务的设计，到文化知识的补充，再到学习后记，都充分考虑学生的学习规律和学习顺序。

上册教材构成

A: 上册课本部分（共 24 课，4 课为一个教学单元，附语法小结）

学习提示			话题　重点词（10 个左右）　重点句（5 个）　语法　语音练习　词汇积累　汉字认知　文化阅读
热身活动		想一想 说一说	通过图片，提出与本课话题、文化相关的思考题，引起学生学习兴趣。
课堂学习	课文一	听一听	对话体课文，以听课文来引入，对学生提出一个总括性的问题，考查学生的听力，并引起学生学习课文的兴趣。
		练一练	有四个练习形式：读课文、根据课文内容提问并回答、分角色表演、模仿课文进行交际练习等。
	词语一	读一读 写一写	列表出生词：每课生词 30 个左右，每篇课文的生词 10–20 个，尽可能给出搭配。
	重点词一	学一学	每课重点词 10 个左右，列出重点词的例句 3–4 个，必要时出结构。
		练一练	用重点词填空
	课文二	听一听	叙述体课文，以听课文来引入，对学生提出一个总括性的问题，考查学生的听力，并引起学生学习课文的兴趣。
		练一练	有四个练习形式：读课文、根据课文内容提问并回答、根据课文内容填表（空）并复述课文、用提示词进行自由表达练习等。
	词语二	读一读 写一写	同词语一
	重点词二	学一学	同重点词一
		练一练	同重点词一
	语法	学一学	每课 1–4 个语法点。
		练一练	根据语法点的特性选择 2–4 种题型，每种题型 4–6 个练习。
实践活动	语音练习		包括辨音练习、双音节练习、多音节练习、句子练习。
	词汇积累		对本课的词汇进行扩展，扩大学生词汇量。
	汉字认知		对汉字知识进行简单介绍，让学生对汉字有初步的认识。
	交际任务		要求学生走出课堂，去完成一个交际任务，任务具体、易操作。
	文化阅读		根据本课内容选择学生感兴趣的文化点，阅读文字简单易懂，文后附有简单的练习，供学生自我检查。
学习后记			让学生自己检查是否掌握了本课内容，包括词语和语言点两方面。

B: 上册课后练习活页

☆每课课后均编写 10 个练习，练习与课本配套，采用活页形式，题型保持一致。

☆每 4 课一个综合性的单元练习，配合单元语法小结，可做单元测验使用。

☆每一分册附一套测试题，模拟正式考试，可让学生自测，也可做模拟测验使用。

下册教材构成

A: 下册课本部分（共 18 课，3 课为一个教学单元，每个单元一个话题）

学习提示			话题　重点词（5–8 个）　语言点　汉字知识
热身活动		想一想 说一说	通过图片，提出与本课话题、文化相关的思考题，引起学生学习兴趣。
课堂学习	课文	听一听	叙述体课文，以听课文来引入，对学生提出一个总括性的问题，考查学生的听力，并引起学生学习课文的兴趣。
		练一练	有四个练习形式：读课文、根据课文内容提问并回答、根据课文内容填表（空）并复述课文、用提示词进行自由表达练习等。
	词语	读一读 写一写	列表出生词：每课生词 40 个左右，尽可能给出搭配。
	重点词	学一学	每课重点词 5–8 个，列出重点词的例句 3–4 个，必要时给出结构。
		练一练	有两个练习形式：用重点词填空（填在句子中）；用本课所学的生词填空（填在短文中）。
	语言点	学一学	每课 1–3 个语言点。
		练一练	根据语言点的特性选择 1–2 种题型，每种题型 4–6 个练习。
汉字知识			在一年级上学期学习汉字的基础上，让学生对汉字有进一步的认识。
学习后记			让学生自己检查是否掌握了本课内容，包括词语和语言点两方面。

B: 下册课后练习活页

☆每课课后均编写 8 个练习，练习与课本配套，采用活页形式，题型保持一致。

☆每 3 课一个综合性的单元练习，可做单元测验使用。

☆每一分册附一套测试题，模拟正式考试，可让学生自测，也可做模拟测验使用。

教材特点

- 注重交际性

在课文编写上，我们注意设置真实的情景，注重交际性。

每一课都有一个课堂上进行的情境练习，借以让学生运用刚刚学习的知识进行综合交际训练。我们提供相对自然真实的情景，指令清楚，容易操作，让学生积极主动地投入到练习中来，充分利用有限的课堂时间来展示他们的学习成果，提高他们的口语交际能力，让学生有成就感和满足感，促进学习积极性。同时，也让教师在最短的时间内检查本课教学的成果，发现教学中存在的问题，以便在今后的教学中及时纠正。

课后还有一个课外交际任务，设计也充分考虑了交际性，让学生走出课堂与中国人进行交流，完成教材设计的任务，从而提高交际能力。

• 注重系统性

语法结构的系统性：虽然本教材不是针对零起点的学生，但是我们在教材中力求保证语法的系统性。教材涵盖了新汉语水平考试二级以后的主要语法项目，并对一、二级的部分重要语法项目整合之后进行了重现。

文化引入的系统性：本教材重视文化的引入，从课前思考问题的提出，到课文的编写，再到交际训练以及交际任务的设计，最后到文化点滴的补充，我们都把文化作为一条线索贯穿始终，将一课的内容串联起来，这样能使学生对中国文化形成思考并进行对比，在更深的层面上理解中国文化，更轻松地融入汉语学习的氛围中，更好地与中国人进行交流。

• 注重层次性

上册每课包括两篇课文，从对话体到叙述体，注意由单句到语段的过渡，注重培养学生成段表达的能力。

课后练习编排注意字——词——句——语段的过渡。在题型设置上，课堂练习、课后练习和单元练习都注意从机械到灵活。在生词、重点词、课文、语法学习的基础之上，我们还设计了提高学生综合语言能力的交际训练——交际任务。

• 注重实用性

为了便于教师和学生使用，教材采用板块式设计，每一课分为若干教学板块：学习提示、热身活动、课堂学习、实践活动、学习后记，这五大板块又分为若干小的板块（见前面教材构成表），各个板块都设置明确的图标进行提示。

教材遵循学生学习规律，结合学习策略，在每一课前，增加学习提示，以表格形式列出话题、重点词、重点句、语法点等，让学生了解本课的主要内容，引导学生学习。在课后增加学习后记，让学生自己检查是否掌握了本课内容，培养学生自主学习的能力。课文的交际及表达练习、语法的情景练习、课后交际任务的设计也贴近学生生活，充分考虑学生的交际需要，让学生在课堂上学习后即可在课堂上展示，并能走出课堂去课外完成交际任务。教材上册每四课之后，还编写了单元语法小结，让学生及时对自己所学习的内容进行复习与整合。教材编写了丰富的课后练习，还配合单元小结编写了丰富的单元练习，可做单元测验使用，并在教材上、下册的每一分册后附上一套总测试题，供教师做模拟测验使用，也可让学生自测。

教材力求做到从教学实际出发，符合教学实际需要，方便教师使用。教材中课文、生词、重点词、语法等均给出学习步骤和学习方法，重点词部分还编写了例句和练习；语法部分也编写出有针对性的、便于教师课堂使用的练习。

使用建议

本教材上册建议 4-6 课时（每课时 50 分钟）完成一课。第 1、2 课时学习课文一，包括这一部分的生词、重点词及语法；第 3、4 课时学习课文二，包括这一部分的生词、重点词及语法；第 5、6 课时复习和做实践活动，包括语音练习、词汇积累、汉字认知、交际任务和文化阅读。（如时间紧张，这一部分可留作课后作业，让学生课后完成）

本教材下册建议 4-6 课时完成一课。第 1、2 课时学习生词和重点词，第 3、4 课时学习课文并做自由表达练习，第 5、6 课时复练课文和做练习。

人物介绍

王一中
Wáng Yīzhōng

男，50岁左右，教师，在北京语言大学工作，教汉语综合课，爱好书法。

山口爱子
Shānkǒu Àizǐ

女，18岁，日本留学生，在北京语言大学学习汉语，爱好看电影、听音乐。

金大成
Jīn Dàchéng

男，19岁，韩国留学生，在北京语言大学学习汉语，爱好上网、运动（特别是踢足球）。

杰克
Jiékè

男，18岁，美国留学生，在北京语言大学学习汉语，爱好交朋友、旅行。

安娜
Ānnà

女，18岁，俄罗斯留学生，在北京语言大学学习汉语，爱好看书。

欧阳兰
Ōuyáng Lán

女，20岁，学生，在北京大学法学院学习法律。

李伟
Lǐ Wěi

男，25岁左右，律师，欧阳兰的男朋友。

语法术语表

语法术语	拼音	英文	简称
名词	míngcí	Noun	N
方位词 / 处所词	fāngwèicí / chùsuǒcí	Noun of Locality	NL
代词	dàicí	Pronoun	Pron
动词	dòngcí	Verb	V
形容词	xíngróngcí	Adjective	Adj
副词	fùcí	Adverb	Adv
数词	shùcí	Numeral	Num
量词	liàngcí	Measure Word	M
数量词	shùliàngcí	Quantifier	Q
介词	jiècí	Preposition	Prep
助词	zhùcí	Particle	Pt
连词	liáncí	Conjunction	Conj
叹词	tàncí	Interjection	Int
前缀	qiánzhuì	Prefix	Pre
后缀	hòuzhuì	Suffix	Suf
名词短语	míngcí duǎnyǔ	Nominal Phrase	NP
动词短语	dòngcí duǎnyǔ	Verbal Phrase	VP
形容词短语	xíngróngcí duǎnyǔ	Adjectival Phrase	AP
数量短语	shùliàng duǎnyǔ	Quantitative Phrase	QP
主语	zhǔyǔ	Subject	S
谓语	wèiyǔ	Predicate	P
宾语	bīnyǔ	Object	O
定语	dìngyǔ	Attributive	
状语	zhuàngyǔ	Adverbial	
补语	bǔyǔ	Complement	

主要符号说明

<table>
<tr><th>符号</th><th>符号说明</th><th>示例</th></tr>
<tr><td>➤</td><td>表示后面为重点词语或结构的释义</td><td>V＋一下
➤ 表示做一次，有时间短、尝试的意义。</td></tr>
<tr><td>[+]
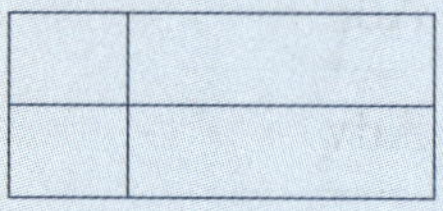</td><td>表示组合框架</td><td>（1）
[怎么＋V]
（2）
<table><tr><td>主语（S）</td><td colspan="3">谓语（P）</td></tr><tr><td>A</td><td>比</td><td>B</td><td>Adj / V（O）</td></tr><tr><td>我</td><td>比</td><td>他</td><td>高。</td></tr><tr><td>我</td><td>比</td><td>他</td><td>喜欢音乐。</td></tr></table></td></tr>
<tr><td rowspan="2">（　）</td><td>表示可以有也可以没有</td><td>你多大（了）？</td></tr>
<tr><td>表示注释或补充说明</td><td>（1）V＋O（事物）
（2）你没听说过这句话吗？
（你应该听说过这句话。）</td></tr>
<tr><td>（×）</td><td>表示前面为错误的搭配或句子</td><td>来中国以前我每天早上都跑步了。（×）</td></tr>
<tr><td>/</td><td>表示“或者”</td><td>A＋比＋B＋还 / 还要 / 更＋Adj / V（O）</td></tr>
<tr><td>//</td><td>表示离合词注音方式</td><td>上网 shàng//wǎng</td></tr>
<tr><td>⟹</td><td>表示变换句式</td><td>我买<u>牛奶</u>。 ⟹ 你买什么？</td></tr>
<tr><td>⟶</td><td>表示“从……到……”</td><td>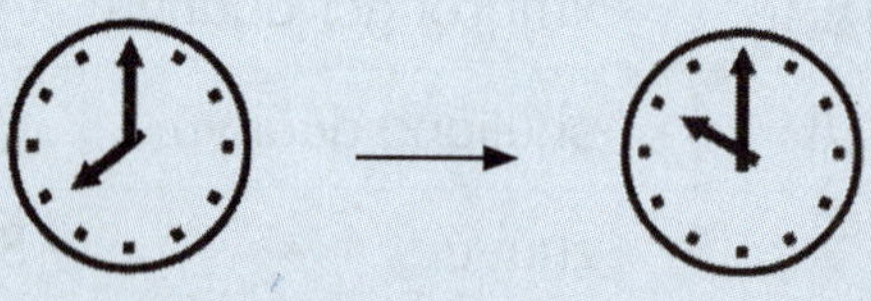</td></tr>
<tr><td></td><td>表示释义和说明</td><td>（1）
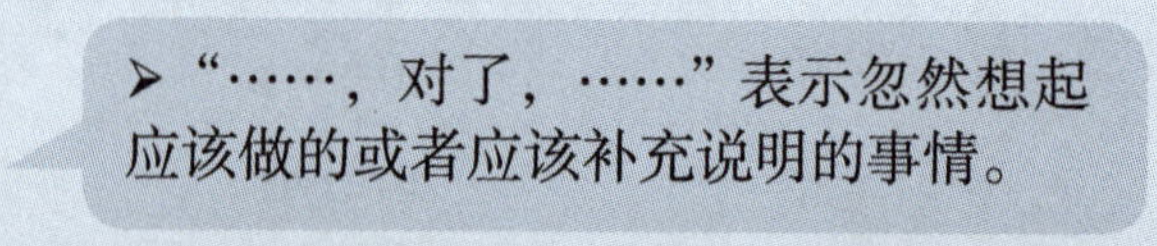
➤ “……，对了，……”表示忽然想起应该做的或者应该补充说明的事情。
（2）
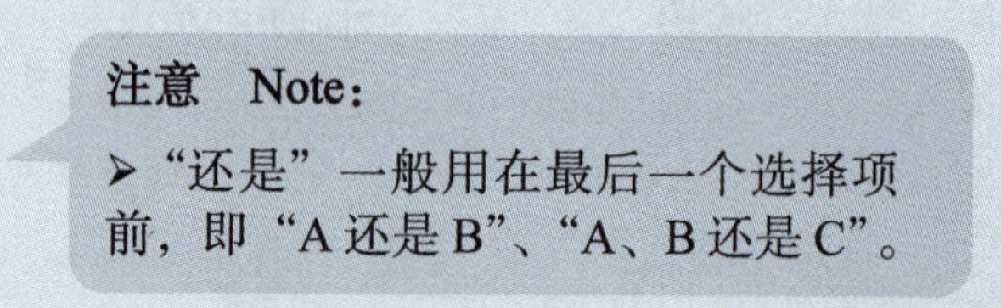
注意　Note：
➤ “还是”一般用在最后一个选择项前，即“A 还是 B”、“A、B 还是 C”。</td></tr>
</table>

目　录

1 很高兴认识您

学习提示

话　题	介绍、相识
重点词	先　一下　以后　商量 教（jiāo）　有意思　特别　对了　自己　比如　什么的
重点句	1. 谁先介绍一下？ 2. 你叫什么名字？ 3. 你是哪国人？ 4. 你多大？ 5. 对了，我忘了介绍自己，我叫山口爱子。
语　法	1. 句式总结（1）——动词谓语句、名词谓语句、形容词谓语句 2. 疑问句总结（1）——特指问句 ① 用疑问代词表示疑问 ②（有＋）多＋Adj
语音练习	j　q　x
词汇积累	国家和语言
汉字认知	汉字的笔画和笔顺
文化阅读	中国人的姓名

热身活动

想一想　说一说

你认识他们吗？他们叫什么名字？是哪国人？他们姓什么？

Do you know them? What are their names? Which countries are they from? What are their family names?

姚明
Yáo Míng

福原爱
Fúyuán Ài

朴智星
Piáo Zhìxīng

比尔·盖茨
Bǐ'ěr Gàicí

普京
Pǔjīng

课堂学习

课文一

听一听　01-1

听前问题：录音中有几个人？他们叫什么名字？

（在课堂上，王老师与学生们第一次见面。）

王老师：同学们，你们好！我姓王，叫王一中，是你们的综合课老师，也是你们的班主任。

杰　克：王老师，您的名字怎么写？

王老师：你们看，（板书）“一二三四”的“一”，“中国”的“中”。同学们，你们谁先介绍一下？（对杰克）你叫什么名字？

杰　克：我叫杰克，十八岁。

安　娜：你是哪国人？

杰　克：我是美国人。

爱　子：我姓山口，叫爱子，是日本人。很高兴认识大家，也很高兴认识您，王老师。

金大成：山口爱子，你多大？

爱　子：你叫我爱子吧，我今年十八岁。

安　娜：我叫安娜，是俄罗斯人，十八岁。

金大成：我是韩国人，叫金大成，今年十九岁。

杰　克：今天我们第一次见面，一起吃饭吧！你们想去哪儿吃？

王老师：杰克，我们先上课，下课以后再商量吧。

练一练

1. 读课文　Read the text.
2. 根据课文内容提问并回答　Ask and answer questions based on the text.

例："王一中"的"一"是哪个"一"？

3. 分角色表演　Role play.
4. 两人一组，模仿课文，互相认识　Work in pairs. Get to know each other following the text.

A	B
你叫什么名字？ 你的名字怎么写？ 你是哪国人？ 你多大？ 认识你很高兴。	我叫……

词语一

读一读　写一写　01-2

序号	词语	拼音	词性	英文释义	搭配
1	们	men	后缀	*used after a personal pronoun or a noun referring to a person to form a plural*	我们　你们　他们 老师们　同学们
2	你们	nǐmen	代词	you (*plural*)	你们好

3	综合	zōnghé	动词	to synthesize	综合课
4	班主任	bānzhǔrèn	名词	teacher in charge of a class	
5	先	xiān	副词	first	先说　先听　先写
6	一下	yíxià	数量词	*used after a verb to indicate a short period of time, one action or one try*	等一下　写一下　问一下 认识一下　介绍一下
7	国	guó	名词	nation, country	哪国人
8	今年	jīnnián	名词	this year	
9	见面	jiàn//miàn	动词	to meet	跟他见面　第一次见面
10	饭	fàn	名词	food, meal	吃饭　早饭　午饭　晚饭
11	上课	shàng//kè	动词	to go to class, to attend class	去上课　上汉语课
12	下课	xià//kè	动词	to finish class	十二点下课　下没下课
13	以后	yǐhòu	名词	after, afterwards, later	下课以后　来中国以后
14	商量	shāngliang	动词	to consult, to discuss	商量商量　商量一下 跟爸爸商量

专有名词

国家	拼音	英文释义	国旗
中国	Zhōngguó	China	
美国	Měiguó	USA	
日本	Rìběn	Japan	
俄罗斯	Éluósī	Russia	
韩国	Hánguó	Republic of Korea	

重点词一

学一学

先 （1）A：我们现在做什么？
B：先听一会儿音乐吧。
（2）我们先吃饭，再出去玩儿吧。
（3）大家认识一下吧。谁先介绍？

一下 （1）我们认识一下吧。谁先介绍一下？
（2）请写一下你的名字。
（3）请等我一下，我打一个电话。

> V + 一下
> V + 一下 + O（事物 something）
> V + O（人称代词 personal pronoun）+ 一下
> ➤ 表示做一次，有时间短、尝试的意义。
> The three structures above indicate a short period of time, one action or one try.

以后 （1）A：我们一起去玩儿吧。
B：我现在很忙，以后再说吧。
（2）下课以后我想去买点儿东西。
（3）下午两点以后我有时间。

> V（+ O）+ 以后
> 时间词（word denoting time）+ 以后

商量 （1）我们商量商量，星期六去哪儿玩儿。
（2）A：我不知道去哪个学校学习。
B：你跟爸爸妈妈商量一下吧。
（3）不知道怎么做的时候，你跟谁商量？

练一练

用所给词语填空　Fill in the blanks with the given words.

先　一下　以后　商量

（1）下课__________你去图书馆吗？
（2）大家认识认识吧。谁__________介绍？
（3）A：我们去打篮球吧。
B：请等__________，我喝点儿水。
（4）A：下个月我们一起去上海怎么样？
B：我要跟妈妈__________一下。

课 文 二

听一听 01-3

听前问题：谁在介绍？她介绍了几个老师？几个学生？

今天我认识了我们班的老师和同学们。

我们班主任叫王一中，他教我们综合课，是个很好的老师，我很喜欢他。王老师的爱好是中国书法，以后我要跟他学习书法。

我们班的同学很有意思。杰克是美国人，喜欢交朋友，喜欢旅行。金大成是韩国人，喜欢上网，还喜欢运动，特别是踢足球。俄罗斯同学安娜喜欢看书。对了，我忘了介绍自己，我叫山口爱子，日本人。我的爱好很多，比如看电影、听音乐什么的。我很高兴在我们班学习。

练一练

1. 读课文　Read the text.

2. 根据课文内容提问并回答　Ask and answer questions based on the text.

例：他们的综合课老师是谁？他怎么样？

3. 根据课文内容填表，然后复述课文　Fill in the form based on the text and then retell the text.

人名	国籍	爱好
王一中		
杰克		
金大成		
安娜		
爱子		

4. 用下列提示词介绍你自己或同学
Use the following words to introduce yourself or your classmates.

介绍　姓　叫　国　岁　喜欢　特别　爱好　比如

词　语　二

读一读　写一写 01-4

序号	词语	拼音	词性	英文释义	搭配
1	班	bān	名词	class	我们班　你们班
2	教	jiāo	动词	to teach	教汉语　教我们综合课
3	爱好	àihào	名词	hobby	我的爱好　爱好很多
4	书法	shūfǎ	名词	calligraphy, handwriting	中国书法
5	跟	gēn	介词	with	跟他见面　跟老师商量
6	有意思	yǒu yìsi		interesting, fascinating	很有意思　真有意思 没有意思
7	交	jiāo	动词	to associate with, to be friends	交朋友
8	旅行	lǚxíng	动词	to travel	喜欢旅行　去旅行
9	上网	shàng//wǎng	动词	to surf the Internet	喜欢上网　常常上网
10	运动	yùndòng	名词	sports, physical exercises	喜欢运动　喜欢什么运动
11	特别	tèbié	副词	especially	特别好　特别喜欢
12	对了	duì le		by the way	
13	忘	wàng	动词	to forget	忘了　没忘
14	自己	zìjǐ	代词	oneself	介绍自己　自己的名字
15	比如	bǐrú	动词	*a phrase used when giving an example*	
16	音乐	yīnyuè	名词	music	听音乐
17	什么的	shénmede	助词	something like that	

重点词二

学一学

教(jiāo)（1）A：哪个老师教你们？
B：王老师。
（2）我在北京语言大学教汉语。
（3）谁教你们口语课？

> 教 + O（人 somebody）
> 教 + O（事物 something）
> 教 + O_1（人 somebody）+ O_2（事物 something）

有意思（1）这是一本很有意思的书。
（2）一个人在家，真没意思！
（3）学习汉语有意思吗？

> ➤"有意思"的否定形式是"没（有）意思"。
> The negative form of "有意思" is "没（有）意思".

特别（1）今天天气特别好。
（2）我特别喜欢汉语。
（3）我喜欢吃中国菜，特别是北京烤鸭（kǎoyā roast duck）。
（4）我喜欢运动，特别是踢足球。

> 特别 + Adj
> 特别 + V
> ……，特别是……

对了（1）我喜欢看书、看电影，还喜欢上网、听音乐，对了，我还有一个爱好，就是书法。
（2）我们班有韩国学生、日本学生、美国学生，对了，还有一个俄罗斯学生。
（3）我们班杰克是美国人，金大成是韩国人，安娜是俄罗斯人……对了，我忘了介绍自己，我叫山口爱子，我是日本人。

> ➤"……，对了，……"表示忽然想起应该做的或者应该补充说明的事情。
> "……，对了，……" indicates that the speaker suddenly remembers something that should be done or given as supplementary instructions.

自己（1）请你自己想一想。
（2）请大家写一下自己的名字。
（3）对了，我忘了介绍自己，我叫山口爱子，是日本人。

> 自己 + V
> 自己 + 的 + N
> V + 自己

比如（1）我觉得中国菜很好吃，比如北京烤鸭。
（2）我们班的同学都很有意思，比如杰克、金大成。
（3）我的爱好很多，比如看电影、听音乐什么的。

什么的（1）我觉得中国菜很好吃，比如北京烤鸭什么的。

（2）我想去买点儿水果、咖啡什么的。

（3）我的爱好很多，比如看电影、听音乐什么的。

> "……什么的"用在一个或并列的几个成分之后，表示还有与所举例子类似的，多用于口语。
> "……什么的" is used after one or more juxtaposed components to indicate that there are some more similar cases. It is usually used in oral Chinese.

练一练

用所给词语填空　Fill in the blanks with the given words.

教　有意思　特别　对了　自己　比如　什么的

（1）我喜欢的水果很多，比如苹果＿＿＿＿＿。

（2）请大家介绍一下＿＿＿＿＿的爱好。

（3）A：你有什么爱好？

　　B：我喜欢运动，＿＿＿＿＿是打篮球。

（4）他是一个很＿＿＿＿＿的人。

（5）我的朋友都很喜欢运动，＿＿＿＿＿金大成，他非常喜欢踢足球。

（6）我有很多爱好，我喜欢看电影、听音乐，＿＿＿＿＿，我还喜欢运动。

（7）很高兴您能＿＿＿＿＿我们。

语　法　一

学一学

句式总结（1）　Summary of Sentence Patterns (1)

1. 动词谓语句　Sentences with Verbal Predicates

（1）我学习汉语。

（2）我叫金大成。

（3）杰克喜欢旅行，安娜不喜欢旅行。

（4）A：他是中国人吗？

　　B：他不是中国人，他是韩国人。

> 动词谓语句是动词做谓语主要成分的句子。
> A sentence with a verbal predicate takes a verb as the predicate.

主语（S）	谓语（P）	
	V	O
我	学习	汉语。

2. 名词谓语句　Sentences with Nominal Predicates

（1）A：你多大？
　　B：我十八岁。
（2）A：一公斤苹果多少钱？
　　B：一公斤苹果十块钱。
（3）A：今天十六号吗？
　　B：今天不是十六号，今天十七号。

主语（S）	谓语（P）
	N/NP/QP
我	十八岁。

> ➤ 名词谓语句是由名词、名词短语或数量短语等做谓语的句子，主要用来表达时间、年龄、数量等。
> A sentence with a nominal predicate is one in which the predicate is a noun, a nominal phrase or a quantitative phrase indicating the time, age or quantity.
> 注意　Note：
> ➤ 肯定句不用"是"。如果表示否定，在名词谓语前加"不是"。
> "是" is not used in an affirmative sentence. "不是" is used before a nominal predicate to indicate negation.

3. 形容词谓语句　Sentences with Adjectival Predicates

（1）A：你好吗？
　　B：我很好。
（2）我们班的同学很有意思。
（3）杰克的爱好很多，我的爱好不多。

主语（S）	谓语（P）
	Adj/AP
我	很好。

> ➤ 形容词可以直接做谓语。做谓语的形容词前一般要加副词"很"，但"很"表示程度的作用已经弱化。
> An adjective is used as the predicate of a sentence. The adverb "很" is often used before the adjectival predicate, but its function of indicating degree has been weakened.

练一练

1. 两人一组，做替换练习　Work in pairs to do the substitution drills.

（1）A：今天几号？
　　B：今天<u>九月五号</u>。

九月十号 九月十二号 二月二十七号 三月一号

（2）A：你 忙吗？
　　B：很忙。

你的朋友 汉语 这个菜 这儿的东西	多 有意思 好吃 便宜

（3）A：你 累吗？
　　B：不累。

他 你 苹果 那个菜	忙 冷 贵 好吃

2. 两人一组，完成会话　Work in pairs to complete the dialogues.

（1）A：你叫什么名字？
　　B：________________。

（2）A：你是哪国人？
　　B：________________。

（3）A：你多大？
　　B：________________。

（4）A：你学习什么？
　　B：________________。

（5）A：你的爱好多吗？
　　B：________________。

（6）A：你们的老师怎么样？
　　B：________________。

语　法　二

学一学

疑问句总结（1）——特指问句　Summary of Interrogative Sentences (1) — Wh-questions

（一）用疑问代词表示疑问　Questions Using Interrogative Pronouns

1. 谁

（1）A：他是谁？
　　B：他是我朋友。

他是我朋友。 他是谁？

➢ 请注意疑问代词在句中的位置！Pay attention to the positions of the interrogative pronouns in the sentences!

（2）A：谁是你们的班主任？
B：王老师是我们的班主任。

王老师是我们的班主任。
谁是你们的班主任？

（3）A：这是谁的书？
B：这是我的书。

这是我的书。
这是谁的书？

2. 什么

（1）A：你喝什么？
B：咖啡。

（2）A：你叫什么名字？
B：我叫杰克。

3. 哪

（1）A：你买哪件衣服？
B：我买这件。

"哪"（+一）+量词（measure word）

（2）A：你是哪国人？
B：我是美国人。

"哪"+"国人"
➢ 用来询问国籍。
It is used to ask one's nationality.

4. 哪儿

（1）A：你们去哪儿？
B：我们去饭馆。

（2）A：哪儿有饭馆？
B：那边有一家饭馆。

（3）A：她在哪儿学习汉语？
B：中国。

5. 怎么

（1）A：咱们怎么去天安门？
B：坐公共汽车去吧。

怎么+V
➢ 用来询问动作行为的方式或者方法。
It is used to ask the way of doing something.

（2）A：您的名字怎么写？
B：你们看，"一二三四"的"一"，"中国"的"中"。

（3）A：我们班同学都去长城（Cháng Chéng the Great Wall），你怎么不去？
B：我要去看一个朋友。

（4）A：你怎么不喝牛奶？
B：我不喜欢喝牛奶。

怎么+V
➢ 用来询问动作行为的原因。
It is used to ask the reason for doing something.

（二）（有 +）多 + Adj

（1）A：你多高？
　　B：一米六八（168cm）。
（2）A：从这儿到学校有多远？
　　B：八百米（800m）。
（3）A：你的房间有多大？
　　B：二十平方（píngfāng）米（$20m^2$）。

> （有 +）多 + Adj
> ➢ 问身高、长度、面积等。
> It is used to inquire height, length or area, etc.
> ➢ 形容词一般为单音节。
> The adjective is usually monosyllabic.

用"（有 +）多 + 大（+ 了）"问年龄：

（1）A：安娜今年多大？
　　B：十八岁。
（2）A：老爷爷，您多大年纪（niánjì age）？
　　B：我七十岁了。

> ➢ 问年轻人的年龄：
> It is used to ask the age of young people:
> 你（有）多大（了）？
> ➢ 问老人的年龄：
> It is used to ask the age of elders:
> 您多大年纪 / 岁数（了）？
> 注意　Note：
> ➢ 问十岁以下孩子的年龄时，可以用"你几岁（了）？"。
> "你几岁（了）？" may be used to ask the age of a child who is younger than ten.

练一练

1. 两人一组，用疑问代词对画线部分提问　Work in pairs to ask questions about the underlined parts.

例：我买<u>牛奶</u>。 ⟹ 你买什么？

（1）我叫<u>爱子</u>。　________________________？

（2）我<u>二十岁</u>。　________________________？

（3）杰克是<u>美国</u>人。　________________________？

（4）我在<u>北京</u>工作。　________________________？

2. 两人一组，做替换练习　Work in pairs to do the substitution drills.

（1）A：你叫什么名字？
　　B：我叫<u>王一中</u>。

杰克
山口爱子
金大成
安娜

（2）A：你是哪国人？
　　B：我是<u>美国</u>人。

中国
韩国
日本
俄罗斯

（3）A：你有什么爱好？

B：我喜欢旅行。

运动
上网
交朋友
听音乐
看电影

（4）A：杰克多大？

B：他今年十八岁。

爱子	她	十八岁
金大成	他	十九岁
安娜	她	十八岁

3. 两人一组，用括号中的词语完成会话

Work in pairs to complete the dialogues using the words in the parentheses.

（1）A：________________？（什么）

B：我叫王一中。

（2）A：________________？（谁）

B：他是我们的综合课老师王老师。

（3）A：________________？（哪）

B：我是韩国人。

（4）A：________________？（哪儿）

B：我去学校。

（5）A：________________？（怎么）

B：我们坐公共汽车去吧。

（6）A：________________？（多 + Adj）

B：我今年十九岁。

4. 两人一组，根据图片提问并回答

Work in pairs. Ask and answer questions based on the pictures.

（1）

例：A：他是哪国人？

B：他是美国人。

（2）

例：A：你有什么爱好？

　　B：我喜欢旅行。

实践活动

语音练习

练习语音：j q x

01-5

一、辨音　Sound discrimination

guójí ——	guóqí	qiézi ——	xiézi	jiànzài ——	xiànzài
国籍	国旗	茄子	鞋子	健在	现在
nationality	national flag	eggplant	shoe (s)	to be still living and in good health	now
Cháng Jiāng——	chángqiāng	xué qí ——	xuéxí	dàjiā ——	dàxiā
长江	长枪	学 棋	学习	大家	大虾
the Yangtze River	spear, pike	to learn how to play chess	to study	everyone	prawn

二、声调　Tones

今天	综合	书法	音乐	商量
明天	学习	词典	学校	名字

ˇ ˉ 老师	ˇ ˊ 旅行	ˇ ˇ 你好	ˇ ˋ 跑步	ˇ ˚ 喜欢
ˋ ˉ 唱歌	ˋ ˊ 特别	ˋ ˇ 自己	ˋ ˋ 见面	ˋ ˚ 对了

三、朗读句子 Read aloud the following sentences.

Qīnqi mǎile qī jīn xīnxiān de xīhóngshì.

亲戚 买了 七 斤 新鲜 的 西红柿。

词汇积累

代表景观	国家	~人	~语 / ~文
	中国	中国人	汉语 / 中文
	韩国	韩国人	韩语 / 韩文
	美国	美国人	英语 / 英文
	日本	日本人	日语 / 日文
	俄罗斯	俄罗斯人	俄语 / 俄文
	英国 Yīngguó	英国人	英语 / 英文

	法国 Fǎguó	法国人	法语 / 法文
	德国 Déguó	德国人	德语 / 德文
	泰国 Tàiguó	泰国人	泰语 / 泰文

汉字认知

汉字的笔画和笔顺　Chinese Strokes and Stroke Order

汉字都是由笔画构成的。这些笔画可以归纳成五种基本笔画，有些笔画有不同的变化。汉字的五种基本笔画是：

A character is composed of strokes, which are classified into five basic categories. Some strokes may have variants. The five basic strokes of Chinese characters are as follows：

横（héng）	竖（shù）	撇（piě）	点（diǎn）	折（zhé）
一	丨	丿	丶	㇕（㇆ ㇈ ㇄ ㄹ）

有的字只有 1 笔，如“一”、“乙”；大部分字有多个笔画数，比如“人”有两笔，“山”有 3 笔，“日”有 4 笔。

Some characters just have one stroke, such as “一” and “乙”. Most characters have a number of strokes. For example, the character “人” has two strokes，“山” has three and “日” has four.

写汉字时，要按照一定顺序，一笔一画地写。汉字的基本笔顺规则是：

A Chinese character is written one stroke at a time in a highly ordered manner. The stroke order of Chinese characters has the following rules:

笔顺规则 Stroke Orders	例字 Sample Characters	笔画数 Number of Strokes
先横后竖 Horizontal strokes before vertical strokes	下 下 下	3

先撇后捺 Left-falling strokes before right-falling strokes	人 人	2
从上到下 Upper strokes before lower strokes	主 主 主 主 主	5
从左到右 Left strokes before right strokes	谁 谁 谁 谁 谁 谁 谁 谁 谁 谁	10
先外后里 Outer strokes before inner strokes	月 月 月 月	4
先外后里再封口 Outer strokes before enclosed strokes	日 日 日 日	4
先中间后两边 Middle strokes before strokes on both sides	山 山 山	3

交际任务

请询问五位中国人的姓名，写出姓名的拼音，并了解他们姓名的意义，填在下面的表里。下次课汇报。

Ask five Chinese people’s names and write their names in *pinyin* and the meanings of their names in the following form. Report your findings to the class next time.

姓名	姓名拼音	名字意义

文化阅读

中国人的姓名

中国人的姓名是姓在前，名在后。如“王一中”，“王”是姓，“一中”是名字。

中国人的姓大多是单姓，用一个汉字表示。最常见的有“张（Zhāng）、王（Wáng）、李（Lǐ）、刘（Liú）、赵（Zhào）”等。还有用两个汉字表示的姓，叫复姓（compound surname），常见的如“上官（Shàngguān）、欧阳（Ōuyáng）、诸葛（Zhūgě）、东方（Dōngfāng）”等。根据统计，李、王、张三个姓排名前三，分别占中国总人口的 7.4%、7.2% 和 6.8%。

中国人一般姓父亲的姓。女人结婚后不改（to change）姓。

中国人的名字一般由两个字或一个字组成（to be composed of），如“张志文、李阳、欧阳兰”等。名字一般是父母或者家族里有学问的人起的，都有着一定的意义。孩子还有小名，多用两个重叠的字，如“文文、芳芳”等，或者在名字中的一个字前加上“小”，比如“小文、小芳”等。

判断正误：

1. 中国人的姓名是姓在前，名在后。　　（　　）
2. “欧阳”是中国人常用的名字。　　（　　）
3. 中国人的名字都是两个字。　　（　　）
4. 中国人的名字都是由父母起的。　　（　　）

学习后记

词语	语言点

2 这是我朋友

学习提示

话　　题	介绍、打招呼
重 点 词	来　比较 打招呼　方法　以前　只　常　好　最近　等　试
重 点 句	1. 我来介绍一下。 2. 你也在北语学习汉语吗? 3. 我们去超市，你去不去? 4. 他们告诉我许多打招呼的方法。 5. 上课去?
语　　法	1. 句式总结（2）——连动句、双宾语句 2. 疑问句总结（2）——是非问句、正反疑问句、陈述疑问句
语音练习	j-zh　q-ch　x-sh
词汇积累	亲属称谓
汉字认知	繁体字和简体字
文化阅读	中国人的称谓

热身活动

想一想　说一说

这是一些国家见面时的礼仪。你们国家有哪些见面礼仪？

The greeting manners in some countries are as follows. What is the common practice in your country?

握手 wò//shǒu

拱手 gǒng//shǒu

亲吻 qīnwěn

吻手 wěn shǒu

拥抱 yōngbào

合十 héshí

课堂学习

课文一

听一听 02-1

听前问题：录音中有几个人？他们叫什么名字？

（在校园里，杰克和他的两个中国朋友遇见安娜。）

杰　克：安娜，你好！

安　娜：你好，杰克！

杰　克：我来介绍一下，这是安娜，她是俄罗斯留学生；这是我朋友欧阳兰，她是北大的研究生，学习法律。

欧阳兰：你好！这是我男朋友李伟，他是律师。

李　伟：你好！这是我的名片。很高兴认识你。
安　娜：李先生、欧小姐，认识你们我也很高兴。
欧阳兰：我不姓“欧”，我姓“欧阳”。
安　娜：啊，对了，“欧阳”是中国的复姓！对不起。
欧阳兰：没关系，中国的复姓比较少。
李　伟：安娜，你也在北语学习汉语吗？
安　娜：对，我和杰克是同学。你们去哪儿？
杰　克：我们去超市，你去不去？
安　娜：好啊，我也想去超市逛逛。

练一练

1. 读课文　Read the text.
2. 根据课文内容提问并回答　Ask and answer questions based on the text.

   例：欧阳兰在哪儿学习？学习什么？

3. 分角色表演　Role play.
4. 三人一组，A 介绍 B 跟 C 认识　Work in groups of three, in which A introduces B to C.

A	B	C
我来介绍一下， 这是…… 这是…… 他 / 她在……学习……	很高兴认识你。	认识你我也很高兴。

词　语　一

读一读　写一写　02-2

序号	词语	拼音	词性	英文释义	搭配
1	来	lái	动词	*(used in place of a more specific verb)* to do	我来介绍　你来说一下
2	留学生	liúxuéshēng	名词	international student	俄罗斯留学生　美国留学生

3	研究生	yánjiūshēng	名词	postgraduate	读研究生 上研究生
4	法律	fǎlǜ	名词	law	学习法律 法律系
5	男	nán	形容词	male	男的 男老师 男同学 男朋友
6	律师	lǜshī	名词	lawyer	一个律师 一位律师
7	名片	míngpiàn	名词	name card, business card	我的名片 一张名片
8	小姐	xiǎojiě	名词	Miss	李小姐 欧阳小姐
9	啊	à	叹词	*expressing sudden realization*	啊，我明白了。
10	复姓	fùxìng	名词	compound surname	
11	比较	bǐjiào	副词	comparatively, relatively	比较少 比较多
12	超市	chāoshì	名词	supermarket	去超市 一家超市
13	逛	guàng	动词	to stroll, to roam around	逛超市 逛商店

专有名词

专名	简称	拼音	英文释义	校徽
北京大学	北大	Běijīng Dàxué	Peking University	
北京语言大学	北语	Běijīng Yǔyán Dàxué	Beijing Language and Culture University	

重点词一

学一学

来 （1）A：大家说说自己的爱好吧，谁先说？

B：我先来吧。

（2）咱们来点儿什么茶？

➤“来”单独用，做谓语。
“来” is used independently as a predicate
来 + O
➤ 表示做某个动作，常常代替意义更具体的动词。
It indicates to do something, often in place of a more specific verb.

（3）我来介绍一下，这是我朋友安娜。

（4）你来读课文。

> 来 + V
> ➤ 表示要做某件事。
> It indicates somebody is going to do something.

比较 （1）A：你们学校留学生多吗？

B：比较多。

（2）中国的复姓比较少。

（3）A：你汉字写得快吗？

B：比较快。

> 比较 + Adj
> ➤ 表示有一定的程度。
> It indicates a certain degree.

练一练

用所给词语填空 Fill in the blanks with the given words.

来 比较

（1）我觉得今天的生词__________难。

（2）A：咱们在家里吃饭吧。我去买菜。谁做饭？

B：我__________吧。

（3）我觉得北京的东西__________贵。

（4）我__________介绍一下，这是我同学杰克。

课文二

听一听 02-3

听前问题：欧阳兰和李伟告诉“我”什么了？

今天，我认识了两个中国朋友，欧阳兰和李伟，他们告诉我许多打招呼的方法。

以前，我只会说“你好”。他们说，跟朋友打招呼还可以问“去哪儿啊”、“上课去”，吃饭时间也常问“吃了吗”。这些都是打招呼的方法，不是真的想知道朋友要去什么地方、去做什么、吃饭了吗。遇见好长时间不见的朋友，可以说“好久不见”、“最近怎么样”、“忙什么呢”等等。

以后，跟朋友打招呼，我也可以试试这些方法。

练一练

1. 读课文　Read the text.

2. 根据课文内容提问并回答　Ask and answer questions based on the text.

例：以前"我"知道的打招呼的方法是什么？

3. 根据课文内容填表，然后复述课文

Fill in the form based on the text and then retell the text.

欧阳兰和李伟告诉"我"很多打招呼的方法	
跟朋友打招呼可以问	
吃饭时间常问	
遇见好长时间不见的朋友可以说	

4. 用下列提示词介绍中国或你们国家打招呼的方法

Use the following words to introduce the greeting manners in China or in your country.

告诉　以前　只　常　遇见　等等　以后

词语二

读一读　写一写　02-4

序号	词语	拼音	词性	英文释义	搭配
1	他们	tāmen	代词	they, them	
2	许多	xǔduō	形容词	many, a lot of, much	许多人　许多朋友
3	打招呼	dǎ zhāohu		to say hello, to greet sb.	和我打招呼　跟他打招呼
4	方法	fāngfǎ	名词	method, way, means	打招呼的方法　好方法
5	以前	yǐqián	名词	before, formerly, previously	来中国以前　很久以前
6	只	zhǐ	副词	only, just	只会　只知道
7	说	shuō	动词	to speak, to say	说汉语　只会说"你好"
8	常	cháng	副词	often, usually	常问　常去　不常

9	这些	zhèxiē	代词	these	这些东西　这些人
10	地方	dìfang	名词	place	这些地方　什么地方
11	遇见	yù//jiàn	动词	to meet, to run into	遇见朋友　遇见同学
12	好	hǎo	副词	quite (a few), quite (a long time)	好多　好几个人
13	长	cháng	形容词	(of space or time) long	很长　比较长　好长时间
14	见	jiàn	动词	to see	看见　好长时间不见
15	好久不见	hǎo jiǔ bú jiàn		haven't seen you for a long time	
16	最近	zuìjìn	名词	recently	最近怎么样　最近比较忙
17	等	děng	助词	and so on, etc.	等等
18	试	shì	动词	to try	试（一）试　试一下

重点词二

学一学

打招呼（1）这是打招呼的方法。

（2）跟中国人打招呼的时候可以说"你去哪儿"、"吃了吗"。

（3）你知道怎么跟中国人打招呼吗？

方法（1）这是一个好方法。

（2）这个方法不错。

（3）你能告诉我学习汉语的好方法吗？

以前（1）以前我不知道这些方法。

（2）星期天十二点以前不要给我打电话。

（3）来中国以前我在韩国的大学学习汉语。

时间词（word denoting time）+ 以前
V（+ O）+ 以前

只（1）来中国以前，我只会说英语。

（2）现在我只想好好儿学习。

（3）A：你知道中国人打招呼的方法吗？

B：我只知道可以说"你好"。

常　（1）晚上我常去教室学习。

（2）我们这儿不常下雨（xià yǔ to rain）。

（3）你星期天常做什么？

> 常＋V
> 否定形式　Negative form：不常
> ➢ 与"常常"用法基本相同，不说"不常常"。
> It has the same usage with "常常". "不常常" is incorrect.

好　（1）我有好几个中国朋友。

（2）我知道好多打招呼的方法。

（3）遇见好长时间不见的朋友，可以说"好久不见"。

> ➢ 用在数量词或形容词前面，表示数量多、时间长或程度深。
> It is used before a quantifier or an adjective to indicate a large number, a long time or a strong degree.

最近　（1）A：最近忙吗？

B：很忙。

（2）最近我很想家。

（3）好久不见，最近怎么样？

等　（1）A：你有什么爱好？

B：我喜欢书法、音乐等。

（2）遇见朋友，可以说"去哪儿啊"、"上课去"、"吃了吗"等等。

（3）A：遇见好长时间不见的朋友，怎么打招呼？

B：可以说"好久不见"、"最近怎么样"、"忙什么呢"等等。

> ➢ "……等"用在并列的两个或两个以上的词语或表达式后，表示没有列举完。多用于书面语，可以叠用。
> "……等" is used after two or more juxtaposed words, phrases or expressions to indicate that the enumeration is not complete. It is usually used in written Chinese and can be used in the reduplicative form.

试　（1）A：我可以试试这件衣服吗？

B：可以。

（2）朋友告诉了我许多打招呼的方法，我想试一试。

（3）看中国电影是一个学习汉语的好方法，你想试一下吗？

练一练

用所给词语填空　Fill in the blanks with the given words.

打招呼　方法　以前　只　常　好　最近　等　试

（1）王老师给我们介绍了很多学习汉语的好__________，我都想__________一下。

（2）来中国__________我__________会说"你好"、"谢谢"。

（3）我__________比较忙。

（4）我________跟朋友一起去饭馆吃中国菜。

（5）我的同学有韩国人、美国人、日本人、俄罗斯人________。

（6）留学生跟别人________时常说“你好”。

（7）我知道________多中国菜的名字。

语　法　一

学一学

句式总结（2） Summary of Sentence Patterns (2)

1. 连动句　Sentences with Verbal Constructions in Series

> 连动句是由两个或两个以上的动词或动词性短语做谓语的句子。
A sentence in which two or more verbs or verbal constructions are used as the predicate is known as a sentence with verbal constructions in series.

（1）我去超市买东西。

（2）我来北京学习汉语。

> 第二个动词性短语表示动作行为的目的，这种连动句的第一个动词常常用“来”或“去”。
The second verbal phrase indicates the purpose of an action. In such a sentence, “来” or “去” is often used as the first verb.

（3）我坐出租车去饭馆。

（4）我坐公共汽车去学校。

> 第一个动词性短语表示动作行为的方式。
The first verbal phrase indicates the way of doing someting.

主语（S）	谓语（P）			
	V_1	O_1	V_2	O_2
我们	去	超市	买	东西。
我	坐	出租车	去	饭馆。

2. 双宾语句　Double-Object Sentences

（1）A：一共八十块钱。

B：好，我给您一百块钱，您找我二十。

（2）王老师教我们综合课。

（3）你们叫我爱子吧。

（4）他们告诉我许多打招呼的方法。

> 汉语有些动词可以带两个宾语，构成双宾语句。第一个叫间接宾语，一般指人；第二个叫直接宾语，一般指事物。可以带双宾语的动词有“给、送、找、教、叫、问、告诉”等。
In Chinese, some verbs can be followed by two objects and constitute a double-object sentence. The first one is known as the indirect object, usually denoting

主语（S）	谓语（P）		
	V	O_1	O_2
我	给	您	一百块钱。

somebody; while the second one is known as the direct object, usually referring to something. Such verbs include: "给", "送", "找", "教", "叫", "问" and "告诉", etc.

练一练

1. 两人一组，做替换练习　Work in pairs to do the substitution drills.

（1）A：你去做什么？
　　B：我去超市 买牛奶。

去商店	买衣服
去学校	上课
去饭馆	吃饭
去中国	学习汉语

（2）A：你去哪儿？
　　B：我去机场。
　　A：你怎么去？
　　B：我坐出租车去。

北京	飞机
上海	火车
超市	公共汽车
公司	出租车

（3）他送我 一个新手机。

老师	很多水果
安娜	一件衣服
妈妈	一些中国茶
朋友	两张电影票

（4）中国朋友告诉 我 很多打招呼的方法。

问	我	一个问题
教	我	汉语
叫	他	大成
给	他	一些中国茶
告诉	我们	一个学习汉语的好方法

2. 两人一组，完成会话　Work in pairs to complete the dialogues.

（1）A：你去哪儿？
　　B：______________________________。
　　A：你去做什么？
　　B：______________________________。
　　A：你怎么去？
　　B：______________________________。

（2）A：这些水果一共多少钱？
　　B：一共三十八块。
　　A：给你 ________________。
　　B：这是五十块，找您 ________________。

（3）A：你叫什么名字？
　　B：我叫 ________________。你们叫我 ________________吧。

语　法　二

学一学

疑问句总结（2）——是非问句、正反疑问句、陈述疑问句

Summary of Interrogative Sentences (2)—Yes-or-No Questions, Affirmative-Negative Questions and Declarative Sentences with Interrogative Intonations

1. 是非问句　Yes-or-No Questions

（1）A：你好吗？
　　B：我很好。

（2）A：他是中国人吗？
　　B：他不是中国人，是韩国人。

（3）A：你也在北京语言大学学习吗？
　　B：对，我也在北京语言大学学习。

> 陈述句＋吗？
> Declarative sentence＋吗？

2. 正反疑问句　Affirmative-Negative Questions

（1）A：你忙不忙？
　　B：不太忙。

> Adj＋不＋Adj？

（2）A：你去不去银行？
　　B：我去。

> V＋不＋V（＋O）？

（3）A：你想不想去超市？
　　B：想，我想去买一点儿东西。

> V_1＋不＋V_1＋V_2（＋O）？

（4）A：你认（识）不认识杰克？
　　B：认识，他是我同学。

> 注意　Note:
> 1. 口语中一些双音节形容词或动词的正反疑问形式可以省略音节，如“高（兴）不高兴”、“认（识）不认识”。
>   In oral Chinese, some disyllabic adjectives or verbs in affirmative-negative questions have abbreviated forms, such as “高（兴）不高兴” or “认（识）不认识”.
> 2. 正反疑问句后面不能再用“吗”。如，不说：
>   “吗” cannot be used in affirmative-negative questions. For example, we can’t say:
>   你忙不忙吗？（×）

3. 陈述疑问句　Declarative Sentences with Interrogative Intonations

（1）A：上课去？
　　B：对。
（2）A：你是中国人？
　　B：对，我是中国人。
（3）A：你也喜欢看电影？
　　B：对，我也喜欢。

> 陈述句＋疑问语调
> 上课去？

练一练

1. 用“吗”完成会话　Complete the following dialogues using “吗”.

（1）A：______________________________？
　　B：我很好。
（2）A：______________________________？
　　B：我喜欢音乐。
（3）A：______________________________？
　　B：对，她也是北大的研究生。
（4）A：______________________________？
　　B：对，我们都在北京语言大学学习汉语。

2. 用正反疑问句完成会话
Complete the following dialogues using affirmative-negative questions.

（1）A：______________________________？
　　B：她很漂亮。
（2）A：______________________________？
　　B：今天不冷。
（3）A：______________________________？
　　B：我去。

（4）A：______________________？

B：他不太喜欢。

3. 用陈述疑问句完成会话

Complete the following dialogues using declarative sentences with interrogative intonations.

（1）A：______________________？

B：对，去食堂。

（2）A：我每天十二点半睡觉。

B：______________________？太晚了！

（3）A：我想去逛商店。

B：______________________？我也想去，一起去吧。

4. 用三种方法对下面的句子提问

Ask questions in three different ways following the examples.

例：我们下午去北大。 ⟹ 你们下午去北大吗？

你们下午去不去北大？

你们下午去北大？

（1）安娜是俄罗斯留学生。 ______________________？

______________________？

______________________？

（2）我喜欢上网。 ______________________？

______________________？

______________________？

（3）我最近特别忙。 ______________________？

______________________？

______________________？

（4）我的汉语不太好。 ______________________？

______________________？

______________________？

实践活动

语音练习

练习语音：j-zh　q-ch　x-sh　02-5

一、辨音　Sound discrimination

jìdù ——	zhìdù	qízi ——	chízi	xīwàng ——	shīwàng
季度	制度	旗子	池子	希望	失望
quarter	system	flag	pool	hope	disappointed
zájì ——	zázhì	bái qī ——	báichī	yùxí ——	yùshí
杂技	杂志	白漆	白痴	预习	玉石
acrobatics	magazine	white paint	idiot	to preview	jade

二、声调　Tones

ˉ ˉ 公司	ˉ ˊ 中国	ˉ ˇ 方法	ˉ ˋ 超市	ˉ ◦ 招呼
ˊ ˉ 时间	ˊ ˊ 常常	ˊ ˇ 没有	ˊ ˋ 名片	ˊ ◦ 名字
ˇ ˉ 许多	ˇ ˊ 以前	ˇ ˇ 小姐	ˇ ˋ 法律	ˇ ◦ 早上
ˋ ˉ 律师	ˋ ˊ 练习	ˋ ˇ 汉语	ˋ ˋ 最近	ˋ ◦ 认识

三、朗读句子　Read aloud the following sentences.

Xiǎo chē lā xiǎo shítou, shítou diào xiàlai, zále xiǎo jiǎozhǐtou.

小　车 拉 小　石头，石头　掉　下来，砸了 小　脚指头。

词汇积累

亲属称谓	
爷爷、奶奶 yéye　nǎinai	孙子、孙女 sūnzi　sūnnü
外公 / 姥爷 wàigōng lǎoye 外婆 / 姥姥 wàipó　lǎolao	外孙、外孙女

爸爸、妈妈	儿子、女儿
伯父、叔叔、姑姑 bófù shūshu gūgu	侄儿 / 侄子、侄女 zhí'ér zhízi zhínü
舅舅、姨妈 jiùjiu yímā	外甥、外甥女 wàisheng wàishengnǚ
哥哥、姐姐	弟弟、妹妹
堂哥—表哥 tánggē biǎogē 堂姐—表姐 tángjiě biǎojiě	堂弟—表弟 tángdì biǎodì 堂妹—表妹 tángmèi biǎomèi
丈夫 zhàngfu	妻子 qīzi

汉字认知

繁体字和简体字　Traditional Characters and Simplified Characters

汉字最少已经有 3000 年的历史，在发展的过程中，汉字慢慢地规范、简化。

Chinese characters have a history of more than 3,000 years. In the process of development, Chinese characters were standardized and simplified gradually.

1956 年，中国大陆开始使用简体字（jiǎntǐzì）。现在，中国香港、澳门和台湾地区以及海外一部分地区仍然使用繁体字（fántǐzì）。

Simplified characters began to be used in China's mainland starting 1956, while traditional characters are still used in China's Hong Kong, Macau, Taiwan and some areas outside China.

繁体字	漢	語	愛	國	學	習
简体字	汉	语	爱	国	学	习

交际任务

问问你认识的一些中国朋友，他们在路上遇见别人时，常常怎么称呼对方、怎么打招呼、聊些什么。要求询问三位以上，记下你觉得有意思的，下次上课时跟同学们讨论。

Interview three or more of your Chinese friends about how they address and greet people and what they usually talk about when they meet. Put down the interesting parts and discuss with your classmate next class.

朋友的身份	怎么称呼对方	怎么打招呼	聊什么

文化阅读

中国人的称谓（Term of Address）

中国人见面称呼别人时，习惯用职业职位（occupation, position）或者亲属称谓（kinship term），如“老师”、“叔叔”等等；如果知道对方的姓，还经常会在前面加上姓，比如“张老师”、“李总（经理）”、“王阿姨”等等，这样可以表示对对方的尊重（respect），而不用“阅读老师”、“口语老师”这样的称谓。

年龄较大的人之间还可以用“老”加上姓来称呼，如“老王”、“老李”，称呼年轻人则可以用“小”加上姓，像“小刘”、“小高”，显得亲切。如果对方的姓是复姓，可以直接称呼姓，如“欧阳”。特别亲近的人之间还可以去掉姓，直接叫对方的名字。

在称呼别人的时候，一定要注意对方的身份（identity）、他和自己的关系（relationship），还有说话的场合（occasion）。例如，在正式的场合叫别人的小名就是不合适的。

判断正误：

1. 称呼别人时，在对方的职业前面加上姓可以表示尊重。（　　）
2. 年轻人可以叫年龄比较大的王先生“老王”。（　　）
3. 称呼欧阳兰时，可以叫她“欧阳”。（　　）
4. 在所有的场合都可以叫亲近的人的小名。（　　）

学习后记

词语	语言点

3 去邮局怎么走

学习提示

话　题	问路、指路
重点词	附近　拐　打算　正好 然后　一直　大概　方便　带
重点句	1. 去邮局怎么走？ 2. 从学校东门出去往右拐。 3. 邮局就在超市旁边。 4. 我正好要去邮局买邮票。 5. 一直往前走，大概三四百米。
语　法	1. 介词总结——“从”、“离”、“往” 2. 概数的表达 3. 存在的表达总结——“在”、“有”、“是”
语音练习	z-zh　c-ch　s-sh
词汇积累	常见处所及功能
汉字认知	独体字
文化阅读	汉语方位词

热身活动

想一想　说一说

要是你找不到要去的地方，你会怎么办？

What will you do if you cannot find the place you want to go?

问警察
wèn jǐngchá

问路人
wèn lùrén

问出租汽车司机
wèn chūzū qìchē sījī

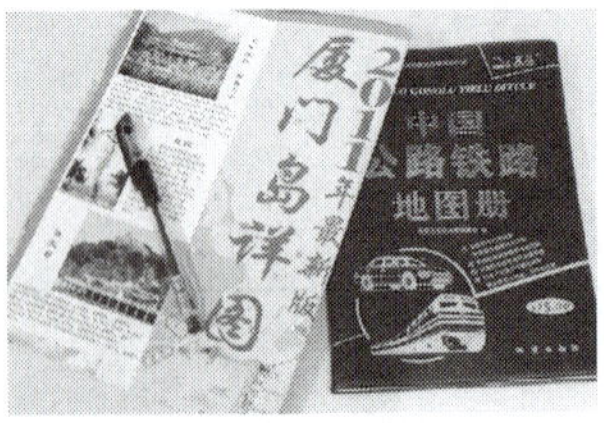

查地图
chá dìtú

问查号台
wèn cháhàotái

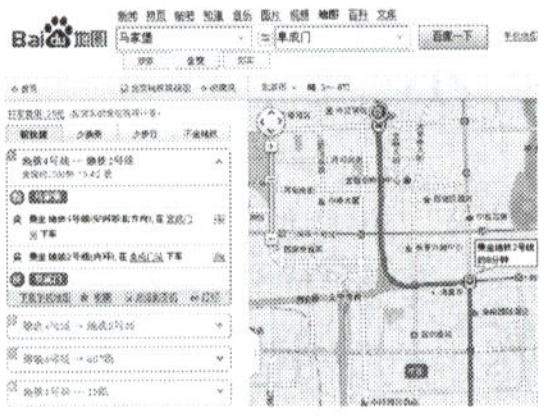

查网络地图
chá wǎngluò dìtú

课堂学习

课文一

听一听 03-1

听前问题：金大成和爱子要去哪儿？去那儿怎么走？

（课间，金大成跟爱子聊天儿。）

金大成：爱子，学校附近有邮局吗？

爱　子：有。

金大成：去邮局怎么走？

爱　子：从学校东门出去往右拐，在第一个十字路口再往右拐。
金大成：离这儿远吗？
爱　子：不太远，五百多米。那儿有一家超市，邮局就在超市旁边。你去邮局做什么？
金大成：我要去邮局取包裹。
爱　子：你打算什么时候去？
金大成：下课以后去。
爱　子：我正好要去邮局买邮票，下课以后咱们一起去吧。
金大成：那太好了！

练一练

1. 读课文　Read the text.
2. 根据课文内容提问并回答　Ask and answer questions based on the text.

   例：谁去邮局？

3. 分角色表演　Role play.
4. 两人一组，模仿课文，表演一人问路，一人指路

   Work in pairs. One asks for directions and the other shows him / her the way follwing the text.

A	B
……有……吗？	从……
去……怎么走？	往……拐
离……	米
	打算

词　语　一

读一读　写一写　03-2

序号	词语	拼音	词性	英文释义	搭配
1	附近	fùjìn	名词	nearby	学校附近　超市附近
2	邮局	yóujú	名词	post office	去邮局　在邮局

3	东门	dōngmén		east gate	学校东门　在东门
4	出去	chū//qù	动词	to go out	从东门出去
5	往	wǎng	介词	towards, to	往东走
6	拐	guǎi	动词	to turn	往东拐　往右拐
7	十字路口	shízì lùkǒu		crossroad	第一个十字路口
8	米	mǐ	量词	meter	一米　三百米　三四百米
9	取	qǔ	动词	to take, to get	取钱　取信
10	包裹	bāoguǒ	名词	package, parcel	一个包裹　取包裹
11	打算	dǎsuàn	动词	to plan, to intend	打算去　打算下课以后去
			名词	plan	有打算　有什么打算
12	正好	zhènghǎo	副词	just	正好一起去
13	邮票	yóupiào	名词	stamp	一张邮票　买邮票
14	咱们	zánmen	代词	we (including the person spoken to)	

重 点 词 一

学一学

附近　（1）A：附近有邮局吗？

B：有。

（2）A：超市离你家远吗？

B：不远，在我家附近。

（3）你们学校宿舍附近都有什么？

拐　（1）A：去邮局怎么走？

B：先往前（qián forward, ahead）走，到十字路口往左拐。

（2）不要拐，往前走两百米再拐。

（3）不要往东拐，要往西拐。

打算　（1）A：你打算什么时候去？
B：明天上午吧。
（2）我打算试试这些方法。
（3）明年你有什么打算？
（4）我没有旅行的打算。

【V】
打算＋V

【N】
有……打算
没有……打算

正好　（1）A：我们下课以后一起去邮局吧。
B：好，我正好要去邮局买邮票。
（2）A：我今天想去你家，你有时间吗？
B：有。今天下午我正好没课。
（3）A：今天晚上我想看电影。
B：我正好也想看。
A：我们一起去看吧。

练一练

用所给词语填空　Fill in the blanks with the given words.

附近　拐　打算　正好

A：请问，＿＿＿＿＿有商店吗？
B：有。
A：在哪儿？怎么走？
B：你先往前走，在第一个十字路口往左＿＿＿＿＿，再往前走，在第二个路口往右＿＿＿＿＿。
A：太远了。
B：不远，我＿＿＿＿＿也＿＿＿＿＿去商店买东西，一起去吧。
A：太好了。谢谢您！

课　文　二

听一听　03-3

听前问题：去邮局怎么走？在邮局可以做什么？

今天下课以后我跟爱子一起去邮局。我要去取包裹，爱子要去买邮票。我们学校附近就有一个邮局。从学校南门出去往左拐，然后一直往前走，大概三四百米。邮局就在马路左边。

邮局很大，有十几个窗口。我们可以寄包裹、取包裹，可以买航空信封和邮票，还可以汇款、寄挂号信和特快专递什么的。邮局离我们学校很近，非常方便。对了，去邮局取包裹的时候要带护照。

练一练

1. 读课文　Read the text.

2. 根据课文内容提问并回答　Ask and answer questions based on the text.

   例："我"去邮局做什么？

3. 根据课文内容填空，然后复述课文
   Fill in the blanks based on the text and then retell the text.

   我们学校________有一个邮局。从________出去________，然后________，大概________。邮局就在________。在邮局，我们可以________、________，可以买________和________，还可以________、寄________和________什么的。

4. 用提示词，说说去邮局、超市、饭馆怎么走
   Use the given words in the box and talk about how to get to the post office, supermarket and restaurant.

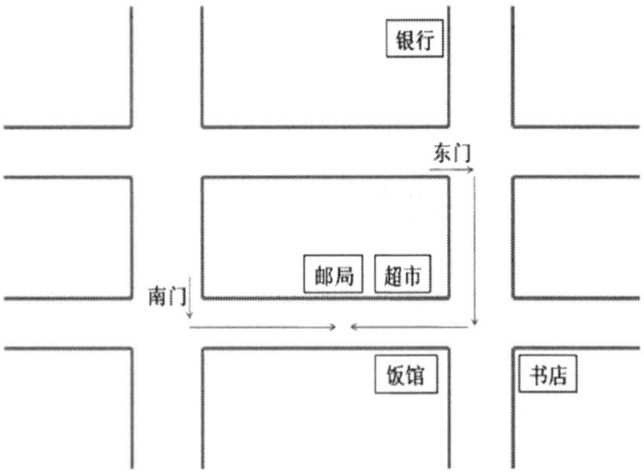

一直
往
左
右
拐
十字路口

词　语　二

读一读　写一写　03-4

序号	词语	拼音	词性	英文释义	搭配
1	南门	nánmén		south gate	学校南门　在南门
2	然后	ránhòu	连词	then	

3	一直	yìzhí	副词	straight, straight forward	一直走　一直在北京
4	前	qián	名词	forward, ahead	往前走　一直往前走
5	大概	dàgài	副词	probably, about, approximately	大概二十岁　大概五百米
6	马路	mǎlù	名词	road, street	一条马路　马路右边
7	窗口	chuāngkǒu	名词	window	一个窗口　二号窗口
8	寄	jì	动词	to mail	寄信　寄包裹
9	航空	hángkōng	动词	to aviate	航空公司
10	信封	xìnfēng	名词	envelope	一个信封　航空信封
11	汇款	huì//kuǎn	动词	to make remittance	去邮局汇款　去银行汇款
12	挂号信	guàhàoxìn	名词	registered letter	一封挂号信　寄挂号信 取挂号信
13	特快专递	tèkuài zhuāndì		EMS	寄特快专递
14	方便	fāngbiàn	形容词	convenient	很方便　不太方便
15	带	dài	动词	to carry, to bring, to take	带书　忘带钱了
16	护照	hùzhào	名词	passport	我的护照　带护照 没带护照

重点词二

学一学

然后　（1）咱们先去看电影，然后去吃饭。

（2）从东门出去先往右拐，然后往前走。

（3）A：下午你打算做什么？

B：我打算先去邮局寄信，然后到超市买东西。

> 先……，然后……

一直　（1）一直往前走就到了。

（2）一直往东走，然后往南拐。

> ➤ 表示方向不变。
> It indicates to keep the same direction.

（3）来中国以后我一直在北京。

（4）他一直想回家看看。

> ➤ 表示动作或状态不间断。
> It indicates a continuous action or state.

大概 （1）A：他多大？

B：大概二十岁。

（2）邮局离学校不远，大概五百米。

（3）我们学校的留学生大概有两千人。

> 大概（+V）+数词+量词
> 大概（+V）+numeral+measure word

方便 （1）住学校很方便。

（2）邮局离学校很远，去那儿不太方便。

（3）你住哪儿？你觉得方便吗？

带 （1）取包裹要带护照吗？

（2）上课的时候，要带书、本子、词典什么的。

（3）旅行的时候你常带什么东西？

练一练

用所给词语填空　Fill in the blanks with the given words.

然后　一直　大概　方便　带

（1）我们先休息一会儿，__________再去游泳。

（2）超市离我们学校很近，买东西很__________。从东门出去__________往前走，__________五分钟就到了。

（3）我忘了__________手机。

语 法 一

学一学

介词总结——“从”、“离”、“往”　Summary of the Prepositions—“从”、“离” and “往”

1. 从

（1）从学校南门出去往左拐，然后一直往前走。

> ➤ “从＋处所词”表示路程的起点。
> “从＋word of locality” is used to indicate the starting point of a trip.

（2）我们每天上午从八点半开始上课。

> ➤ “从 + 时间词”表示时间的起点。
> “从 + word denoting time” is used to indicate the starting point of a period of time.

2. 离

（1）A：邮局离学校多远？

B：两公里（gōnglǐ kilometer）。

（2）美国离中国很远。

> ➤ “离 + 处所词”表示距离。
> “离 + word of locality” indicates the distance.

3. 往

（1）A：去超市怎么走？

B：在第一个十字路口往右拐，就是超市。

（2）从这儿往前走一百米就到了。

> ➤ “往 + 方位词 / 处所词”表示方向。
> “往 + noun of direction / locality” indicates the direction.

练一练

1. 用所给词语填空　Fill in the blanks with the given words.

从　离　往

（1）A：银行________这儿远吗？

B：不远。________这儿一直________前走两百米，在马路右边。

（2）超市________学校很近，________学校东门出去________右拐，三分钟就到了。

2. 搭配连线　Match the words on the left with those on the right.

从东门	很近
离学校	拐
往右	出去

从现在	走
离那儿	五百米
往前	开始

语法二

学一学

概数的表达　The Expressions of Approximate Numbers

汉语表达概数主要有以下四种方式：

There are four ways to express approximate numbers in Chinese:

1. 数词 + “多”　Numeral + “多”

（1）我们班有二十多个同学。

（2）从这儿往前走两百多米就是邮局。

2. 数词 + “几”　Numeral + “几”

（1）邮局很大，有十几个窗口。

（2）我们每周有二十几节汉语课。

3. “一” 至 “九” 中的相邻两个数字连用

Use Two Adjacent Numbers (1–9) in Succession

（1）从这儿往前走两三百米就是邮局。

（2）我有三四个中国朋友。

4. 使用 “大概”、“差不多”、“左右” 等对数词或数量短语进行修饰

Use “大概”, “差不多” and “左右” etc. to Modify Numerals or Quantitative Phrases

（1）从这儿往前走大概三百米就是邮局。

（2）从这儿往前走差不多三百米就是邮局。

（3）从这儿往前走三百米左右就是邮局。

“大概” + 数量短语

“差不多” + 数量短语

数量短语 + “左右”

练一练

1. 用四种概数的表达方式完成会话

Complete the dialogues using the four ways to express approximate numbers.

（1）A：银行离这儿远吗？

B：不远。从这儿往前走，①＿＿＿＿＿＿＿＿＿＿＿＿＿＿，在马路右边。

②＿＿＿＿＿＿＿＿＿＿＿＿＿＿，在马路右边。

③＿＿＿＿＿＿＿＿＿＿＿＿＿＿，在马路右边。

④＿＿＿＿＿＿＿＿＿＿＿＿＿＿，在马路右边。

（2）A：你们学校有多少留学生？

B：①＿＿＿＿＿＿＿＿＿＿＿＿＿＿。

②＿＿＿＿＿＿＿＿＿＿＿＿＿＿。

③＿＿＿＿＿＿＿＿＿＿＿＿＿＿。

④＿＿＿＿＿＿＿＿＿＿＿＿＿＿。

2. 根据图片，用概数的表达方法回答问题

Answer the questions based on the pictures using the four ways to express approximate numbers.

她多大？

这个西瓜多少斤？

这件衣服多少钱？

姚明多高？

语 法 三

学一学

存在的表达总结——“在”、“有”、“是”

Summary of Expressions Indicating Existence — **“在”、“有”** and **“是”**

1. 在

（1）邮局在超市旁边。

（2）邮局在马路左边。

（3）北语在北大附近。

（4）A：邮局在哪儿？

B：在学校东门附近。

➢ “在”表示某事物的方位或处所。
“在” indicates the direction or locality of something.

主语（S）	谓语（P）	
名词（N）	在	方位词 / 处所词（NL）
邮局	在	超市旁边。

2. 有

（1）超市里有很多人。

（2）那儿有一家超市。

（3）学校附近有邮局吗？

（4）这家饭馆里没有中国菜。

➢ “有”表示某处存在某人或某物。
“有” indicates there is somebody/something in some place.

主语（S）	谓语（P）	
处所词（NL）	（没）有	名词（N）
超市里	有	很多人。

3. 是

（1）我家旁边是医院。

（2）金大成旁边是爱子。

（3）马路左边是邮局。

> ➤ "是"后边的处所、人或事物是说话人已经知道的或者确定的。
> The place, somebody or something following "是" is already known or confirmed by the speaker.

主语（S）	谓语（P）	
处所词（NL）	是	名词（N）
我家旁边	是	医院。

练一练

1. 用所给词语填空　Fill in the blanks with the given words.

在　有　是

（1）超市就__________邮局旁边。

（2）教室里__________很多学生。

（3）学校附近__________银行、邮局和书店，还__________一家超市。

（4）我们学校里__________医院，医院__________学校南门附近。

（5）A：我们学校附近__________书店吗？

B：有。书店__________学校东门附近。那儿__________一家饭馆，饭馆旁边就__________书店。

2. 两人一组，完成会话　Work in pairs to complete the dialogues.

（1）A：你们学校附近有什么？

B：____。

（2）A：银行在哪儿？

B：____。

（3）A：你左边是谁？

B：____。

（4）A：学校里有医院吗？

B：____。

（5）A：你们教室在哪儿？

　　B：________________________________。

（6）A：这是你妈妈给你寄的包裹吧？里面是什么？

　　B：________________________________。

实践活动

语音练习

练习语音：z-zh　c-ch　s-sh　03-5

一、辨音　Sound discrimination

zǔlì ——	zhǔlì	cū bù ——	chūbù	sīrén ——	shīrén
阻力	主力	粗布	初步	私人	诗人
resistance	mainstay	coarse cloth	preliminary	private	poet
zīyuán——	zhīyuán	cūnzhuāng——	chūnzhuāng	sānjiǎo ——	shānjiǎo
资源	支援	村庄	春装	三角	山脚
resource	to support	village	spring clothing	triangle	the foot of a hill

二、声调　Tones

ˉ ˉ 分钟	ˉ ˊ 东门	ˉ ˇ 包裹	ˉ ˋ 专递	ˉ ° 多少
ˊ ˉ 航空	ˊ ˊ 邮局	ˊ ˇ 门口	ˊ ˋ 邮票	ˊ ° 咱们
ˇ ˉ 往东	ˇ ˊ 往前	ˇ ˇ 往左	ˇ ˋ 往右	ˇ ° 怎么
ˋ ˉ 信封	ˋ ˊ 问题	ˋ ˇ 汇款	ˋ ˋ 特快	ˋ ° 意思

三、朗读句子　Read aloud the following sentences.

Sì shì sì, shí shì shí, shísì shì shísì, sìshí shì sìshí.

四 是 四，十 是 十，十四 是 十四，四十 是 四十。

词汇积累

图例	处所	可做事情
	图书馆	看书、借书、还（huán）书、查资料（chá zīliào）
	体育馆、健身房	运动、健身（jiànshēn）
	邮局	买邮票、买信封、寄信、取包裹
	银行	存钱（cún qián）、取钱、换钱、汇款（huì//kuǎn）、交水电费、办信用卡（bàn xìnyòngkǎ）
	网吧 wǎngbā	上网
	洗手间	上厕所（shàng cèsuǒ）、化妆（huàzhuāng）
	公园 gōngyuán	休息、散步（sàn//bù）
	街道 jiēdào	走路、开车、骑车

汉字认知

独体字　Independent Characters

独体字是由笔画组成的、不能再分成两部分或几部分的字，如：人、口、米、门、自。

Independent characters can only be broken down into strokes and cannot be split into two or more components, such as “人”, “口”, “米”, “门” and “自”.

独体字大部分是象形字，象形字表示具体事物的形状，它们出现得都比较早。例如：

Dating far back in time, most independent characters were pictographic ones to indicate the shapes of something specific. For example,

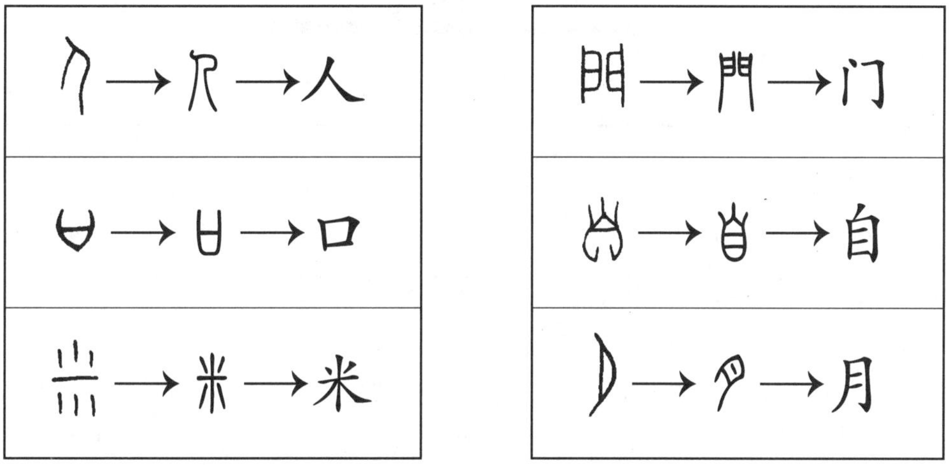

独体字和它们的演变

Independent Characters and Their Evolution

交际任务

问一问你们班的同学和中国老师，从教学楼回宿舍（家）怎么走，要求询问三位以上，填在下面的表里。下次课汇报。

Interview three or more of your classmates and Chinese teachers about how to get back to their dormitories (homes) and then fill in the form. Report your findings to the class next time.

姓名	路线

（续表）

姓名	路线

文化阅读

汉语方位词

汉语中的方位词有“上、下、前、后、左、右、东、西、南、北、里、外、中、内、旁”。一般来说，这些方位词单独使用的情况比较少，常常跟其他词一起使用。例如“桌子上”、“前面”、“西边”等。

下面的方位图包括“东、西、南、北”四个基本方位，还有四个中间方位“东南、东北、西南、西北”。中间方位要先说“东、西”，再说“南、北”。例如：应该说“东北”，而不是“北东”。

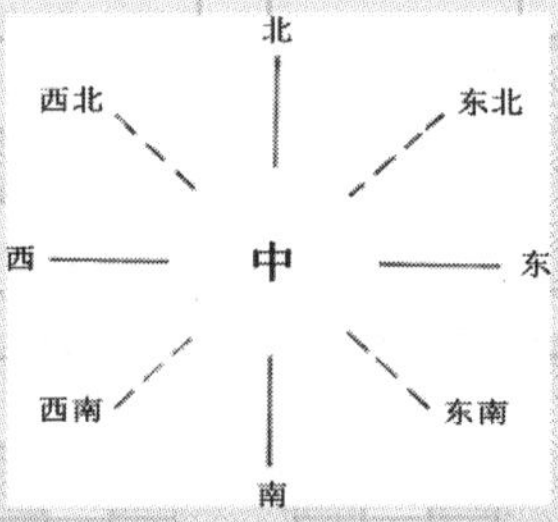

问路时，有人习惯说“前、后、左、右”，如“往前走”、“往左拐”、“马路右边”等。有人习惯说“东、西、南、北”，如“往东走”、“往北拐”、“马路西边”等。

汉语的方位词不仅表示方位，而且还具有丰富的文化内涵。古代帝王（emperor）的座位都是坐北朝南（facing the south and with the north at one’s back）的，在“东、西、南、北”四个方位中，“南”最尊贵。

选择正确答案：

1. 下面哪个不是方位词？　　（　　）

A. 往　　B. 后　　C. 里

2. 下面的句子哪一个是对的？（　　）

A. 他在我的前。　B. 他在我的前面。　C. 他在我的外面。

3. 下面的说法哪一个是错的？（　　）

A. 东北　B. 西南　C. 南东

4. 中国古代最尊贵的方位是：（　　）

A. 南　B. 北　C. 西

学习后记

词语	语言点

4 你想吃中餐还是西餐

学习提示

话　　题	点菜、每日生活
重 点 词	挺　不错　请客　平时　好好儿 又……又……　有时候　聊天儿
重 点 句	1. 我喜欢吃西红柿炒鸡蛋，你呢？ 2. 来两碗米饭吧。 3. 你想吃中餐还是西餐？ 4. 食堂的饭菜又好吃又便宜。 5. 我有时候上网跟朋友聊聊天儿。
语　　法	疑问句总结（3）——省略问句、选择问句
语音练习	f　h
词汇积累	餐具
汉字认知	合体字
文化阅读	中国菜

热身活动

想一想　说一说

这些是哪国菜？你爱吃哪国菜？你吃过中国菜吗？最喜欢吃什么菜？

Which countries do these dishes come from? Which country do you think has the most delicious food? Have you had Chinese food? What is your favourite Chinese dish?

寿司 shòusī

拌饭 bànfàn

牛排 niúpái

红菜汤 hóngcàitāng

烤鸭 kǎoyā

鱼香肉丝 yúxiāng ròusī

麻婆豆腐 mápó dòufu

锅包肉 guōbāoròu

课堂学习

课文一

听一听　04-1

听前问题：杰克和李伟在哪儿聊天儿？谁请客？

（杰克请李伟吃饭。）

服务员：两位吃点儿什么？这是菜单。

杰　克：你喜欢吃什么？

李　伟：我喜欢吃西红柿炒鸡蛋，你呢？

杰　克：再来个宫保鸡丁怎么样？

李　伟：挺好的。

服务员：两位要什么主食？
杰　克：你想吃米饭还是面条？
李　伟：来两碗米饭吧。
杰　克：你想喝点儿什么？茶、啤酒还是果汁？
李　伟：来瓶啤酒吧。
服务员：请等一下。
杰　克：服务员，请快一点儿，我们都饿了。
……
李　伟：今天的菜真不错，谢谢。下次我请客。你什么时候有时间？平时还是周末？
杰　克：我只有周末有时间。
李　伟：你想吃中餐还是西餐？
杰　克：那我要好好儿想一想。

练一练

1. 读课文　Read the text.
2. 根据课文内容提问并回答　Ask and answer questions based on the text.

例：李伟喜欢吃什么菜？杰克呢？

3. 分角色表演　Role play.
4. 三人一组，模仿课文，在饭馆点菜
Work in groups of three and order food following the text.

服务员	A	B
两位吃点儿什么？ 这是菜单。	你喜欢吃什么？ 来个……怎么样？ 你想喝……还是……？	我喜欢吃……，你呢？
两位要什么主食？ 请等一下。	请快一点儿。	

词语一

读一读　写一写 04-2

序号	词语	拼音	词性	英文释义	搭配
1	服务员	fúwùyuán	名词	waiter, waitress	
2	菜单	càidān	名词	menu	
3	挺	tǐng	副词	very, rather	挺好的　挺不错的
4	主食	zhǔshí	名词	staple food	
5	米饭	mǐfàn	名词	cooked rice	吃米饭
6	面条	miàntiáo (r)	名词	noodles	吃面条
7	碗	wǎn	名词	bowl	一个碗
			量词	*a measure word for some foods*	一碗米饭
8	茶	chá	名词	tea	喝茶
9	啤酒	píjiǔ	名词	beer	喝啤酒
10	果汁	guǒzhī	名词	juice	喝果汁
11	瓶	píng	量词	bottle	一瓶啤酒　两瓶果汁
12	饿	è	形容词	hungry	不饿　很饿　太饿了
13	不错	búcuò	形容词	not bad	很不错
14	请客	qǐng//kè	动词	to invite (sb.) to dinner	谁请客　我请客
15	平时	píngshí	名词	ordinary time	
16	周末	zhōumò	名词	weekend	
17	中餐	zhōngcān	名词	Chinese food	吃中餐
18	西餐	xīcān	名词	Western food	吃西餐
19	好好儿	hǎohāor	副词	well	好好儿学习　好好儿休息 好好儿想一想

补充词语

菜名	拼音	英文释义	图例
西红柿炒鸡蛋	xīhóngshì chǎo jīdàn	Scrambled Eggs with Tomatoes	
宫保鸡丁	gōngbǎo jīdīng	Kung Pao Chicken	

重点词一

学一学

挺　（1）A：好久不见，最近怎么样？
　　B：挺好的。
（2）我挺喜欢听音乐的。
（3）我们学校附近的饭馆的菜都挺好吃的。

> 挺＋Adj / V（心理）＋的
> ➤ 多用于口语。
> It is usually used in oral Chinese.

不错　（1）A：你最近身体怎么样？
　　B：还不错。
（2）A：你觉得那个电影好吗？
　　B：挺不错的。
（3）他汉语说得很不错。

请客　（1）今天我请客。
（2）你跟朋友一起吃饭，一般谁请客？
（3）你什么时候请客？

平时　（1）我平时很忙，只有周末有时间。
（2）他平时早上七点起床。
（3）你平时几点起床？周末呢？

好好儿 （1）我要好好儿想一想。

（2）A：明天去哪儿玩儿？

B：咱们好好儿商量商量吧。

（3）我想去那儿好好儿逛逛。

练一练

用所给词语填空 Fill in the blanks with the given words.

挺 不错 请客 平时 好好儿

（1）今天我__________，你们想去哪儿吃？

（2）我们要__________学习。

（3）A：你觉得这件衣服怎么样？

B：__________漂亮的。

（4）我__________很忙，只有周末有时间。

（5）今天的菜真__________！

课文二

听一听 04-3

听前问题：“我”每天有几节课？下课以后常做什么？

我平时很忙，只有周末有时间。

我每天七点起床，八点一刻到教室。我们每天上午有四节课，八点半上课，中午十二点半下课。下课以后我常跟同学们一起在学校食堂吃午饭。食堂的饭菜又好吃又便宜。每天下午四点我都去体育馆锻炼身体。晚上我在宿舍做作业。有时候上网跟朋友聊聊天儿，有时候看看电影，听听音乐。我平时十一点半睡觉。

我每天的生活都很紧张，可是很愉快。

练一练

1. 读课文 Read the text.

2. 根据课文内容提问并回答　Ask and answer questions based on the text.

例："我"什么时候有时间？平时还是周末？

3. 根据课文内容填表，然后复述课文

Fill in the form based on the text and then retell the text.

时间	做什么
七点	
	到教室
早上八点半	
	下课
中午	
	去体育馆锻炼身体
晚上	
十一点半	

4. 用下列提示词介绍你自己一天的生活

Use the given words to talk about your daily life.

平时　刻　半　又……又……　有时候　聊天儿

词 语 二

读一读　写一写 04-4

序号	词语	拼音	词性	英文释义	搭配
1	每天	měi tiān		every day	
2	刻	kè	量词	(*a measure word for time*) quarter	一刻　三刻　八点一刻　差一刻九点
3	节	jié	量词	*a measure word for classes*	两节课　第一节课
4	半	bàn	数词	half	一点半　八点半
5	食堂	shítáng	名词	dining room, dining hall	去食堂　学生食堂
6	饭菜	fàncài	名词	meal, food	饭菜很好　饭菜不错

7	又…… 又……	yòu…… yòu……		not only…but also…	又好又便宜　又快又好
8	体育馆	tǐyùguǎn	名词	gymnasium	
9	锻炼	duànliàn	动词	to take physical exercises	不常锻炼　每天都锻炼
10	身体	shēntǐ	名词	body	锻炼身体 到体育馆锻炼身体
11	宿舍	sùshè	名词	dormitory	在宿舍　回宿舍
12	作业	zuòyè	名词	homework	写作业　做作业
13	有时候	yǒushíhou	副词	sometimes	有时候在家 有时候出去玩儿
14	聊天儿	liáo//tiānr	动词	to chat	跟朋友聊天儿
15	生活	shēnghuó	名词	life	我的生活　生活怎么样
16	紧张	jǐnzhāng	形容词	nervous, tense	很紧张　太紧张了 生活很紧张　时间很紧张
17	愉快	yúkuài	形容词	happy, joyful, cheerful	很愉快　太愉快了

重点词二

学一学

又……又……

（1）食堂的饭菜又好吃又便宜。

（2）那个电影又长又没意思。

（3）他们又唱歌又跳舞，非常高兴。

又 + Adj + 又 + Adj

又 + V + 又 + V

有时候（1）晚上我有时候上网，有时候看电影。

（2）平时我有时候很忙，有时候不忙。

（3）周末我有时候在家，有时候出去玩儿。

有时候……，有时候……

聊天儿（1）我们先上课，下课以后再聊天儿吧。

（2）下课以后我喜欢跟朋友聊天儿。

（3）你常跟谁聊天儿？

练一练

用所给词语填空　Fill in the blanks with the given words.

又……又……　有时候　聊天儿

（1）晚上我有时候跟中国朋友＿＿＿＿＿，有时候上网。

（2）那家超市的东西＿＿＿＿＿多＿＿＿＿＿便宜。

（3）A：你周末常常做什么？

　　B：＿＿＿＿＿跟朋友出去逛逛，＿＿＿＿＿在宿舍休息。

语　法

学一学

疑问句总结（3）——省略问句、选择问句

Summary of Interrogative Sentences (3)—Omitted Questions and Alternative Questions

1. 省略问句（……呢？）　Omitted Questions（……呢？）

（1）A：我现在去图书馆，你**呢**？

　　B：我也去图书馆。

（2）A：我是日本人，你**呢**？

　　B：我是韩国人。

> ➤ "……呢"可以用在省略问句中，问的内容可以根据前一分句知道。
> "……呢" can be used in omitted questions and the part questioned can be found in the previous clause.

（3）A：大成**呢**？

　　B：他在宿舍休息呢，他有点儿不舒服。

（4）我的作业本**呢**？

> ➤ 在没有前一分句的情况下，问的是处所，相当于"在哪儿"。
> If there is not a previous clause, it is usually used to ask about the location, equivalent to "在哪儿".

2. 选择问句（……还是……？）　Alternative Questions（……还是……？）

（1）A：你想吃中餐**还是**西餐？

　　B：我想吃西餐。

（2）A：你明天什么时候去？上午、下午**还是**晚上？

　　B：晚上吧。

> 注意　Note：
> ➤ "还是"一般用在最后一个选择项前，即"A 还是 B"、"A、B 还是 C"。
> "还是" is usually used before the last alternative as in "A还是B" and "A、B还是C".

练一练

1. 用“呢”和“吗”填空　Fill in the blanks with the given words.

（1）今天下午我去踢足球，你＿＿＿＿＿＿？

（2）今天下午你去踢足球＿＿＿＿＿＿？

（3）A：医生＿＿＿＿＿＿？

　　 B：在那儿。

（4）您是医生＿＿＿＿＿＿？

2. 用“呢”完成会话　Complete the dialogues using “呢”.

（1）A：＿＿＿＿＿＿＿＿＿＿＿＿＿＿＿＿，＿＿＿＿＿＿？

　　 B：我也想去商店。

（2）A：＿＿＿＿＿＿＿＿＿＿＿＿＿＿＿＿，＿＿＿＿＿＿？

　　 B：我不喜欢运动，我喜欢看电影、听音乐。

（3）A：＿＿＿＿＿＿＿＿＿＿＿＿＿＿＿＿？

　　 B：你的本子在那儿。

（4）A：＿＿＿＿＿＿＿＿＿＿＿＿＿＿＿＿？

　　 B：她在教室。

3. 两人一组，做替换练习　Work in pairs to do the substitution drills.

（1）A：她是你姐姐还是你妹妹？

　　 B：她是我妹妹。

老师	学生	学生
你同学	你朋友	我朋友
医生	律师	律师

（2）A：你想吃中餐还是（吃）西餐？

　　 B：我想吃中餐。

喝茶	（喝）咖啡
看中国电影	（看）美国电影
坐出租车	（坐）公共汽车
打篮球	踢足球

4. 两人一组，根据图片提问并回答

Work in pairs. Ask and answer questions based on the pictures.

例：A：你想喝茶还是咖啡？

B：我想喝茶。

实践活动

语音练习

练习语音：f h 04-5

一、辨音 Sound discrimination

gōngfèi ——	gōnghuì	kāifā ——	kāi//huā
公费	工会	开发	开花
at public expense	trade union	to develop	to blossom
huāfèi ——	huāhuì	fāhuī ——	huīfā
花费	花卉	发挥	挥发
expense	flower	to bring into play	to volatilize

二、声调 Tones

中餐	生活	身体	鸡蛋	商量
时间	平时	啤酒	愉快	别的
果汁	主食	语法	米饭	喜欢
菜单	练习	电影	宿舍	漂亮

三、朗读句子 Read aloud the following sentences.

Xiǎo Hóng hé Xiǎo Huáng, yìqǐ huà fènghuáng.

小 红 和 小 黄，一起 画 凤凰。

Xiǎo Hóng huàle yì zhī huáng fènghuáng,
小　红　画了一只　黄　凤凰，
Xiǎo Huáng huàle yì zhī hóng fènghuáng.
小　黄　画了一只　红　凤凰。

词汇积累

餐具 cānjù			
图例	名称	图例	名称
	筷子 kuàizi		碗
	勺子 sháozi		杯子 bēizi
	叉子 chāzi	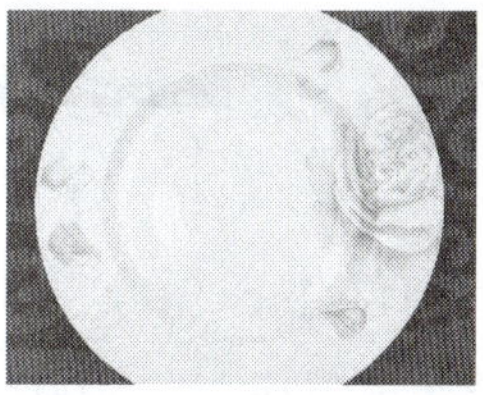	盘子 pánzi
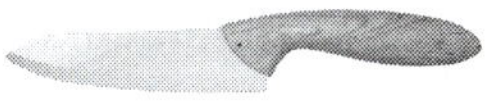	刀 dāo		壶 hú

汉字认知

合体字　Compound Characters

合体字是由两个或两个以上部分组成的汉字。

A compound character consists of two or more components.

按照合体字的几个部分的关系，合体字可以分成以下几种结构：

Compound characters are divided into the following structures according to the relationship between their parts of components:

左右结构 Left-right structure		服、好
上下结构 Top-bottom structure		茶、堂
包围结构 Enclosed structure	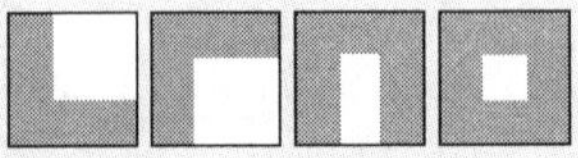	运、病、周、国

构成合体字的部分叫偏旁。汉语字典根据汉字的偏旁把汉字分成不同的类。这些有分类作用的偏旁叫部首。比如“吃、喝、听、叫”这些字可以用“口”分成一类，“口”就是这四个字的部首。

The parts to make up of a compound character are known as radicals, based on which Chinese characters are divided into different categories. The radicals used to classify characters are known as components. For example, characters such as “吃”, “喝”, “听” and “叫” are in the same group as “口” is used as their component.

交际任务

了解下你所在学校中国学生、留学生睡觉和起床的时间，要求各询问三位以上，填在下面的表里。比较一下留学生与中国学生的生活习惯，下次课汇报。

Interview three or more Chinese students and international students about when they go to bed and get up and fill in the following form. Compare the living habits of international students with those of Chinese students and report your findings to the class next time.

中国学生	起床时间	睡觉时间	留学生	起床时间	睡觉时间

文化阅读

中　国　菜

中国菜很好吃，世界各地的人都喜欢。差不多每一个吃过中国菜的人都会竖起大拇指（to thumb up）说："味道好极了！"

中国人做菜时，喜欢利用各种调味品（seasoning, condiment），做出酸、甜、苦、辣、咸等味道的菜来，菜的颜色也很漂亮。中国有句俗话："南甜北咸，东辣西酸。"说的是南方人爱吃甜的，北方人爱吃咸的，中国东半部分的人爱吃辣的，西半部分的人爱吃酸的。各地都有自己的名菜，比如北京有"烤鸭"，其中全聚德的最有名；杭州有"西湖醋鱼"；内蒙古有"手抓羊肉"；新疆有"大盘鸡"；四川有"鱼香肉丝"、"宫保鸡丁"、"麻婆豆腐"等。四川菜又好吃又便宜，很多人都喜欢。

中国人一起吃饭的时候，常常是一起点菜，共同分享（to share）。

选择正确答案：

1. "竖起大拇指"的意思是：（　　）
   A. 有问题　　B. 担心　　C. 称赞
2. "麻婆豆腐"是：（　　）
   A. 杭州菜　　B. 四川菜　　C. 新疆菜
3. 爱吃酸的是：（　　）
   A. 南方人　　B. 中国东半部分的人　　C. 中国西半部分的人
4. 中国人一起吃饭的时候，常常是：（　　）
   A. 自己吃自己的菜　　B. 大家一起分享　　C. 一个人请客

学习后记

词语	语言点

第一单元（第1–4课）语法小结

课号	语法	页码	例句	我的句子
第1课	句式总结（1）——动词谓语句	9	我学习汉语。	
			我叫金大成。	
			他不是中国人，他是韩国人。	
	句式总结（1）——名词谓语句	10	我十八岁。	
			一斤苹果十块钱。	
			今天十七号。	
	句式总结（1）——形容词谓语句	10	我很好。	
			我们班的同学很有意思。	
			杰克的爱好很多，我的爱好不多。	
	疑问句总结（1）——特指问句（用疑问代词表示疑问）	11	谁先介绍一下？	
			你叫什么名字？	
			你是哪国人？	
			你们想去哪儿吃？	
			您的名字怎么写？	
	疑问句总结（1）——特指问句（（有＋）多＋Adj）	13	你的房间有多大？	
			姚明有多高？	
			你多大？	
第2课	句式总结（2）——连动句	28	我去超市买东西。	
			我来北京学习汉语。	
			我坐公共汽车去学校。	
	句式总结（2）——双宾语句	28	王老师教我们综合课。	
			你们叫我爱子吧。	
			他们告诉我许多打招呼的方法。	
	疑问句总结（2）——是非问句	30	你好吗？	
			你也在北语学习汉语吗？	
	疑问句总结（2）——正反疑问句	30	你忙不忙？	
			我们去超市，你去不去？	
			你认（识）不认识杰克？	
	疑问句总结（2）——陈述疑问句	31	上课去？	
			你也喜欢看电影？	

（续表）

课号	语法	页码	例句	我的句子
第3课	介词总结——“从”、“离”、“往”	44	从学校东门出去往右拐。	
			离这儿远吗？	
			一直往前走。	
	概数的表达	45	邮局离这儿五百多米。	
			邮局有十几个窗口。	
			从这儿往前走三四百米就是邮局。	
			从这儿往前走大概三百米就是邮局。	
	存在的表达总结——“在”	47	邮局在超市旁边。	
			北语在北大附近。	
	存在的表达总结——“有”	47	超市里有很多人。	
			那儿有一家超市。	
	存在的表达总结——“是”	48	我家旁边是医院。	
			金大成旁边是爱子。	
第4课	疑问句总结（3）——省略问句	62	我喜欢吃西红柿炒鸡蛋，你呢？	
	疑问句总结（3）——选择问句	62	你什么时候有时间？平时还是周末？	
			你想吃中餐还是西餐？	

5 我们正在包饺子

学习提示

话　题	邀请、做客
重点词	空儿　发　(一)点儿　客气 对　一边……，一边……　习惯　一般　之一
重点句	1. 你在做什么呢？ 2. 我们正在包饺子。 3. 欧阳兰的父母对他们很热情。 4. 大家一边聊天儿，一边吃饺子。 5. 中秋节是中国重要的传统节日之一。
语　法	1. 动作的进行——"在"、"正"、"正在" 2. 情态补语
语音练习	r　l
词汇积累	通信方式
汉字认知	食字旁(饣)的汉字
文化阅读	中国的节日

热身活动

想一想 说一说

在你们国家，你们过这些节日吗？你知道过这些节日一般都做什么吗？

Do you celebrate these festivals in your country? Do you know what people usually do to celebrate these festivals?

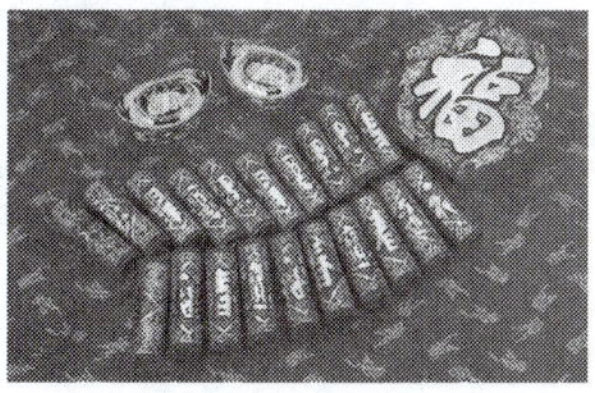

春节 Chūn Jié

中秋节 Zhōngqiū Jié

端午节 Duānwǔ Jié

圣诞节 Shèngdàn Jié

情人节 Qíngrén Jié

课堂学习

课文一

听一听 05-1

听前问题：欧阳兰为什么给安娜打电话？

（星期三，欧阳兰给安娜打电话。）

欧阳兰：喂！安娜，你好！我是欧阳兰。你在做什么呢？

安　娜：你好，欧阳！我正上网呢。

欧阳兰：这个周末有空儿吗？星期六是中秋节，你和杰克一起来我家玩儿玩儿，怎么样？我父母也很想见见你们。

安　娜：好啊！明天我跟杰克商量一下，然后给你打电话。你家在哪儿？

欧阳兰：我一会儿发短信告诉你。

（星期六，杰克和安娜到了欧阳兰家。）

欧阳兰：这是安娜，这是杰克，这是我的父母。

杰　克：
安　娜：叔叔阿姨好！这是我们带的一点儿小礼物。

欧阳母：你们太客气了。快请坐！喝点儿什么？茶、可乐还是矿泉水？

安　娜：我喝茶吧，谢谢！

杰　克：我喝可乐。叔叔阿姨在做什么？

欧阳父：我们正在包饺子。中午吃饺子，晚上吃月饼，怎么样？

杰　克：太好了！

练一练

1. 读课文　Read the text.

2. 根据课文内容提问并回答　Ask and answer questions based on the text.

   例：欧阳兰给安娜打电话的时候，安娜在做什么呢？

3. 分角色表演　Role play.

4. 两人一组，模仿课文，邀请做客

   Work in pairs and ask your partner to be your guest following the text.

A	B
喂！ 你在做什么呢？ ……有空儿吗？ 来我家玩儿玩儿，怎么样？	你好！ 我正……呢。

B	A
这是……	你太客气了！ 快请坐！ 喝点儿什么？ ……还是……？

词　语　一

读一读　写一写　05-2

序号	词语	拼音	词性	英文释义	搭配
1	在	zài	副词	*indicating an action in process*	在做什么　在上网
2	正	zhèng	副词	be doing	正上网呢　正听音乐呢
3	空儿	kòngr	名词	spare time	有空儿　没（有）空儿
4	父母	fùmǔ	名词	parents	
5	一会儿	yíhuìr	名词	a little while, in a moment	
6	发	fā	动词	to deliver, to send	发作业 发邮件（yóujiàn post）
7	短信	duǎnxìn	名词	text message	发短信　一条短信
8	叔叔	shūshu	名词	uncle	
9	阿姨	āyí	名词	aunt	
10	（一）点儿	(yì) diǎnr	数量词	a bit, a little	有一点儿时间　喝点儿水 慢一点儿　快一点儿
11	礼物	lǐwù	名词	gift, present	送礼物　一件礼物
12	客气	kèqi	形容词	polite, courteous	很客气　太客气了
			动词	to speak or behave deferentially	别客气
13	可乐	kělè	名词	Cola	一瓶可乐　喝可乐
14	矿泉水	kuàngquánshuǐ	名词	mineral water	一瓶矿泉水 买矿泉水
15	正在	zhèngzài	副词	in the process of, in the course of	正在上课　正在学习汉语
16	包	bāo	动词	to wrap (dumplings)	
17	饺子	jiǎozi	名词	dumpling	包饺子　吃饺子　一个饺子
18	月饼	yuèbing	名词	moon cake (round cake eaten to celebrate the Mid-Autumn Festival)	吃月饼　一块月饼

专有名词

专名	拼音	英文释义	图例
中秋节	Zhōngqiū Jié	Mid-Autumn Festival	

重点词一

学一学

空儿 （1）A：今天晚上你有空儿吗？

B：对不起，我没空儿。

（2）这个周末我有空儿。

（3）你一般什么时候有空儿？

发 （1）老师正在发作业。

（2）我一会儿给你发短信。

（3）你常常打电话还是发短信？

（一）点儿

（1）现在有一点儿时间，我要给妈妈打个电话。

（2）休息一下，喝点儿水吧。

（3）请你说得慢一点儿。

（4）快点儿！

（5）我想多学一点儿。

> （一）点儿＋N
> ➤ 用在名词前面，表示数量少。
> It indicates a small number.
> Adj / V＋（一）点儿
> ➤ 用在形容词或动词后面，表示程度或数量稍有增加或减少。
> It is used after an adjective or a verb to indicate a slight increase or decrease in degree or quantity.

客气 （1）A：这是我给你带的一点儿小礼物。

B：你太客气了。

（2）欧阳兰的父母对我很客气。

（3）A：谢谢你！

B：别客气！

> 【Adj】
> ➤ 对人有礼貌、和气。
> Polite and kind to others

> 【V】
> ➤ 对人说客气的话，或做一些比较客气的动作。
> Speak politely or behave politely

练一练

用所给词语填空　Fill in the blanks with the given words.

空儿　发　一点儿　客气

（1）昨天我去超市买了__________东西。

（2）你什么时候有__________？我请你吃饭。

（3）A：这是我给你买的一件小礼物。

　　B：你太__________了。

（4）A：咱们在哪儿见面？

　　B：一会儿我给你__________短信吧。

课文二

听一听 05-3

听前问题：这个星期六是什么节日？杰克和安娜过得怎么样？

这个星期六是中国的传统节日——中秋节。欧阳兰请杰克和安娜去她家玩儿。

欧阳兰的父母对他们很热情，大家一边聊天儿，一边吃饺子。欧阳的爸爸说，在中国，北方人比较喜欢吃面食，特别是饺子；南方人不太习惯吃面食，一般吃米饭。中秋节是中国重要的传统节日之一，那天晚上的月亮最圆。大家一般都要回家，一家人一起看月亮、吃月饼。这个中秋节杰克和安娜过得很愉快。

练一练

1. 读课文　Read the text.

2. 根据课文内容提问并回答　Ask and answer questions based on the text.

例：杰克和安娜在欧阳兰家做什么了？

3. 根据课文内容填空，然后复述课文

Fill in the blanks based on the text and then retell the text.

星期六是__________，是中国重要的__________节日__________，是一年中月亮最__________的一天。这一天，欧阳兰__________杰克和安娜去她家。欧阳兰的爸爸________，在中国，________人比较喜欢吃面食，________是饺子；南方人习惯吃________。大家一起看________、吃________、过中秋。

4. 用下列提示词介绍中秋节

Use the following words to introduce the Mid-Autumn Festival.

传统　一边……，一边……　习惯　一般　月亮　月饼

词语二

读一读　写一写 05-4

序号	词语	拼音	词性	英文释义	搭配
1	传统	chuántǒng	名词	tradition, convention	
2	节日	jiérì	名词	festival	传统节日　三个节日
3	对	duì	介词	to	对我说　对我很好
4	热情	rèqíng	形容词	enthusiastic, warm-hearted, cordial	很热情　不热情 对我们很热情
5	一边……，一边……	yìbiān……，yìbiān……		while	
6	北方	běifāng	名词	the north, northern China	北方人
7	面食	miànshí	名词	food made of flour	
8	南方	nánfāng	名词	the south, southern China	南方人
9	习惯	xíguàn	名词	habit, custom	好习惯　传统习惯
			动词	to be accustomed to, to be used to	习惯吃面食 对……不太习惯
10	一般	yìbān	形容词	general	周末一般不上班 一般吃面食
11	重要	zhòngyào	形容词	important	很重要　重要的节日
12	之一	zhī yī		one of (sth.)	
13	月亮	yuèliang	名词	moon	
14	圆	yuán	形容词	round	很圆　最圆
15	过	guò	动词	to celebrate, to spend	过生日　过节 过得很愉快

重点词二

学一学

对　（1）老师常常对我们说，要多听多说。
（2）老师对我们很热情。
（3）同学们对你怎么样？

> ➤ 朝，向
> ➤ 对待

一边……，一边……
（1）大家一边聊天儿，一边吃饺子。
（2）我喜欢一边跑步一边听音乐。
（3）他边喝茶边跟朋友聊天儿。

> 一边……，一边……
> ➤ 表示两个动作同时进行，有时候"一"可以省略。
> It indicates two actions take place at the same time. "一" can be omitted sometimes.

习惯　（1）早睡早起是好习惯。
（2）你有什么不好的习惯？
（3）南方人不太习惯吃面食。
（4）你对北京的生活习惯了没有？

> 【N】

> 【V】
> 习惯 + V + O
> 对……习惯
> 对……不习惯

一般　（1）北方人一般喜欢吃面食。
（2）我们下午一般不上课。
（3）你们国家的人周末一般做什么？

之一　（1）中秋节是中国的传统节日之一。
（2）饺子是中国人爱吃的面食之一。
（3）他是我最好的朋友之一。

> 中秋节
> Mid-Autumn Festival
> 中国的传统节日
> A traditional Chinese festival

> ……之一
> ➤ 用在名词后面，表示同类的人或事物中的一个。
> It is used after a noun to indicate somebody/something is one of its kind.

练一练

用所给词语填空　Fill in the blanks with the given words.

对　一边……，一边……　习惯　一般　之一

（1）我＿＿＿＿＿＿这儿的生活还不太习惯。
（2）北京大学是中国最好的大学＿＿＿＿＿＿。

（3）A：你喜欢北京吗？

B：我不太＿＿＿＿北京的天气。

（4）我晚上＿＿＿＿在宿舍做作业。

（5）他喜欢＿＿＿＿跑步，＿＿＿＿听音乐。

语法一

学一学

动作的进行——“在”、“正”、“正在” Actions in process —“在”、“正”、“正在”

（1）A：他们在做什么？

B：他们正在包饺子呢。

（2）A：你们在做什么呢？

B：我们正在上课。

（3）爱子正在介绍她自己。

（4）A：你在听音乐吗？

B：我没在听音乐，我在听录音呢。

➤“在 / 正 / 正在 + V（+O）（+呢）”强调动作处在进行的状态中。

“在 / 正 / 正在 + V（+O）（+呢）” emphasizes an action is in process.

➤用“在”、“正在”时，可以不用“呢”，用“正”时必须用“呢”。

“呢” can be omitted if “在” or “正在” is used, but cannot be omitted if “正” is used.

否定形式 Negative form：没 + 在 + V（+O）

主语（S）	谓语（P）			
	在 / 正 / 正在	V	宾语（O）	（呢）
我们	正在	学习	汉语	呢。

练一练

1. 两人一组，做替换练习 Work in pairs to do the substitution drills.

（1）A：上午十点，你在做什么？

B：上午十点，我在上课。

上午九点 昨天晚上七点 昨天晚上九点	上网 吃饭 做作业

（2）A：你在做什么呢？

　　B：我正在上网呢。

听录音
看电影
预习课文
跟同学们聊天儿

（3）我给她打电话的时候，她正在上网。

我给他打电话	他	吃饭
她给我打电话	我	做作业
我们去欧阳家	她的父母	包饺子
金大成跟爱子聊天儿	安娜	听录音

（4）A：你在包饺子吗？

　　B：我没在包饺子，我在吃饺子。

喝茶	喝咖啡
做作业	写汉字
买词典	买练习本

2. 两人一组，根据图片提问并回答

Work in pairs. Ask and answer questions based on the pictures.

例：A：她在做什么？

　　B：她正在喝茶呢。

语　法　二

学一学

情态补语　Modal Complements

A：他写得怎么样？

B：他写得很好。

> 情态补语用在动词或形容词后，用“得”连接，对状态、程度等进行描述或评价。
A modal complement is used after a verb or an adjective and connected by “得” to describe or evaluate a state or a degree.

（1）他写得很好。

（2）我在中国过得很愉快。

主语（S）	谓语（P）		
	V	得	情态补语
他	写	得	很好。

（3）他说汉语说得很好。

（4）他汉字写得很快。

➢ 当动词带宾语时，需要重复动词，情态补语在重复的动词后面。第一个动词可以省略。
If a verb is followed by an object, it must be reduplicated and the reduplicated one is followed by a modal complement. The first verb can be omitted.

主语（S）	谓语（P）				
	（V）	宾语（O）	V	得	情态补语
他	（说）	汉语	说	得	很好。

（5）我汉语说得不太好。

（6）我唱歌唱得很不好。

否定形式　The negative form：
V + 得 + 不 + Adj

（7）你书法写得好不好？

（8）你在中国过得好不好？

正反疑问形式
The affirmative-negative form：
V + 得 + Adj + 不 + Adj

练一练

1. 两人一组，做替换练习　Work in pairs to do the substitution drills.

（1）A：你过得怎么样？

　　B：我过得很愉快。

住 吃 学 玩儿	很好 非常好 很不错 很愉快

（2）A：你写 汉字 写得怎么样？

　　B：我写 汉字 写得很快。

说 踢（kick） 包 打（play）	汉语 足球（football） 饺子 篮球（basketball）	非常好 不太好 挺好的 很不错

（3）A：你汉语 学得好不好？

B：学得很好。

中国歌	唱
中秋节	过
足球	踢
篮球	打

2. 两人一组，完成会话　Work in pairs to complete the dialogues.

（1）A：你在中国过得怎么样？

B：________________________________。

（2）A：你住在哪儿？住得怎么样？

B：________________________________。

（3）A：你一般在哪儿吃饭？吃得怎么样？

B：________________________________。

（4）A：你喜欢学习汉语吗？汉语学得怎么样？

B：________________________________。

（5）A：汉字难不难？你汉字写得怎么样？

B：________________________________。

3. 两人一组，根据图片提问并回答

Work in pairs. Ask and answer questions based on the pictures.

例：A：她（唱）歌唱得好不好？

B：她唱得很不错。

A：________________________　　A：________________________

B：________________________　　B：________________________

实践活动

语音练习

练习语音：r l

05-5

一、辨音　Sound discrimination

rìzi —— lìzi		chūrù —— chūlù	
日子	例子	出入	出路
date	example	to come in and go out	way out
bìrán —— bìlán		jìnrù —— jìn lù	
必然	碧蓝	进入	近路
necessity	dark blue	to enter	shortcut

二、声调　Tones

ˉ ˉ 之一	ˉ ˊ 欢迎	ˉ ˇ 方法	ˉ ˋ 高兴	ˉ ˚ 知道
ˊ ˉ 南方	ˊ ˊ 同学	ˊ ˇ 传统	ˊ ˋ 节日	ˊ ˚ 房子
ˇ ˉ 北方	ˇ ˊ 主食	ˇ ˇ 水果	ˇ ˋ 短信	ˇ ˚ 饺子
ˋ ˉ 一般	ˋ ˊ 热情	ˋ ˇ 父母	ˋ ˋ 正在	ˋ ˚ 月亮

三、朗读句子　Read aloud the following sentences.

Zhù nǐ shēngrì kuàilè!

祝 你 生日 快乐！

词汇积累

图例	通信方式	
	打	电话

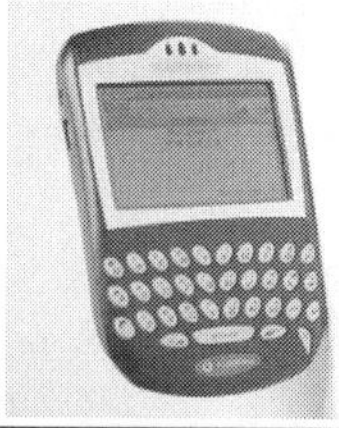	发	短信
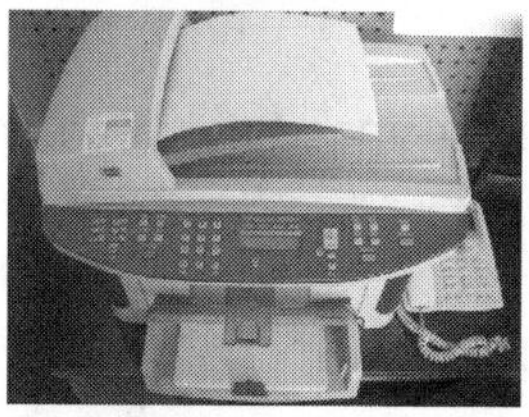	发	传真 chuánzhēn
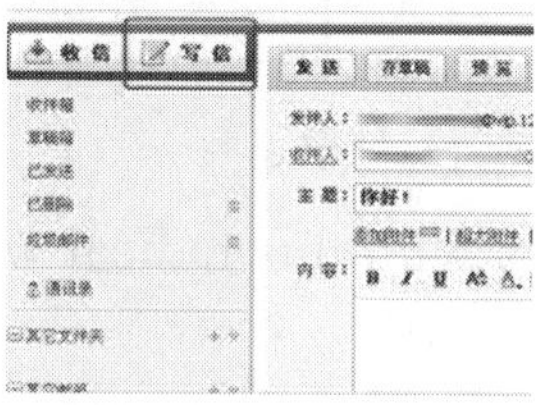	发	电子邮件
	发	电报
	寄	信
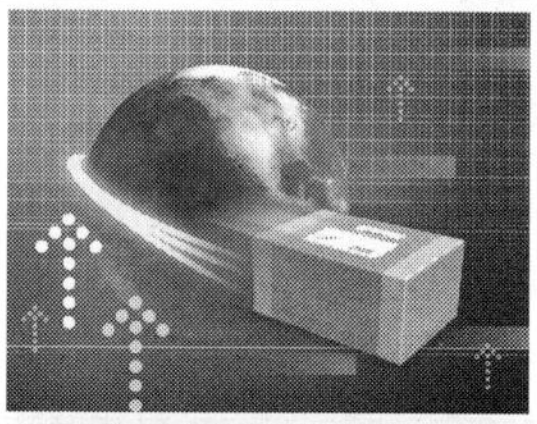	寄	包裹
	寄	特快专递
	送 sòng	快递 kuàidì

汉字认知

食字旁（饣）的汉字　Characters with the Radical "饣"

下面几个汉字的部首是"饣"，读作食字旁：

The following characters have "饣" as the radical, which is pronounced as shízìpáng（食字旁）.

	饭	馆	饿	饺	饼

"饣"原来写作"食"。食字旁的汉字最早的意思都和吃饭有关系。

The radical "饣" was originally written as "食". Characters with this radical were originally eating-related in meaning.

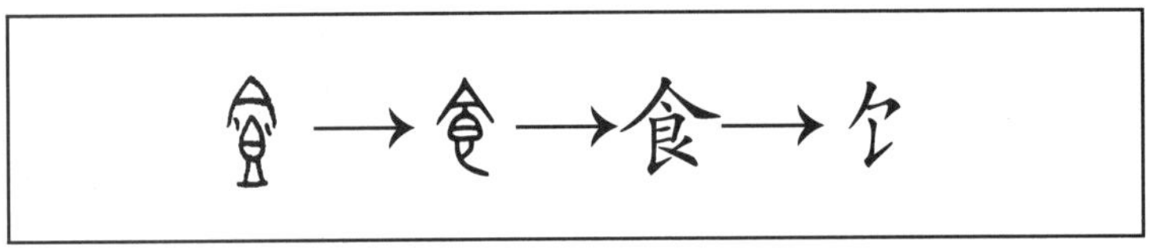

交际任务

问问你认识的一些中国朋友，中国有哪些重要节日。在这些节日里，一般要吃什么食品，还有其他什么风俗习惯（customs）。下次课汇报。

Interview some of your Chinese friends about the important Chinese festivals as well as the food people eat during these festivals and other customs to celebrate them. Report your findings to the class next time.

节日	时间	食品	风俗习惯

文化阅读

中国的节日

中国有很多传统节日，例如春节、元宵节、端午节和中秋节等等。春节是农历（也叫阴历）(the lunar calendar）正月初一，元宵节是正月十五，端午节是五月初五，中秋节是八月十五。每个节日都有自己的传统食物，像春节吃饺子或年糕，元宵节吃元宵，端午节吃粽子，中秋节吃月饼。中国文化注重家庭，特别是过传统节日的时候，人们都希望全家团圆。

除了传统节日以外，还有一些重要的节日，比如，10 月 1 日的国庆节，5 月 4 日的青年节，9 月 10 日的教师节。中国人还过一些国际的节日，比如，1 月 1 日的元旦，3 月 8 日的妇女节，5 月 1 日的劳动节。现在的年轻人还喜欢过圣诞节和情人节等等。

连线：

春节	月饼
元宵节	年糕
端午节	元宵
中秋节	粽子

学习后记

词语	语言点

6 昨天你做什么了

学习提示

话　　题	课外生活
重点词	没错儿　原来　都　陪　约 一样　差不多　有的　利用
重点句	1. 昨天下午你去美术馆了没有？ 2. 你不是说昨天要去美术馆吗？ 3. 你们都去哪儿玩儿了？ 4. 昨天你做什么了？ 5. 我去动物园看熊猫了。
语　　法	1. 动作的完成（1）——语气助词“了” 2. 反问句（1）——不是……吗
语音练习	i　u　ü
词汇积累	常见动物及量词
汉字认知	单人旁（亻）的汉字
文化阅读	中国茶

热身活动

想一想 说一说

你看过或听过哪些中国的传统节目表演？

What traditional Chinese shows have you seen / heard of?

京剧 jīngjù

杂技 zájì

变脸 biànliǎn

武术 wǔshù

舞龙 wǔ lóng

舞狮 wǔ shī

划龙舟 huá lóngzhōu

相声 xiàngsheng

课堂学习

课 文 一

听一听 06-1

听前问题：爱子昨天下午做什么了？

（星期一课间，安娜跟爱子聊天儿。）

安 娜：爱子，昨天下午你去美术馆了没有？

爱 子：我没去。

安 娜：你不是说昨天要去美术馆吗？

爱 子：没错儿。我原来打算去，可是妈妈的朋友今天要回国，所以我去跟她见面了。

安　娜：你们都去哪儿玩儿了？

爱　子：我陪她去老舍茶馆了，还一起去全聚德吃烤鸭了。

安　娜：老舍茶馆在哪儿？

爱　子：在前门西大街。我们在那儿一边喝茶，一边看节目，很有意思。

安　娜：都有什么节目？

爱　子：有京剧、杂技什么的，还有变脸，特别精彩。安娜，昨天你做什么了？

安　娜：我去动物园看熊猫了。动物园附近有个服装市场，那儿的衣服又便宜又好看。

爱　子：那咱们约个时间一起去买衣服吧。

练一练

1. 读课文　Read the text.
2. 根据课文内容提问并回答　Ask and answer questions based on the text.

   例：昨天爱子去美术馆了没有？

3. 分角色表演　Role play.
4. 两人一组，模仿课文，谈昨天做什么了

   Work in pairs. Talk about what you did yesterday following the text.

A	B
昨天你去……了没有？ 不是……吗？	没错儿。我原来打算……，可是……，所以……

词语一

读一读　写一写　06-2

序号	词语	拼音	词性	英文释义	搭配
1	美术馆	měishùguǎn	名词	art gallery	去美术馆　一家美术馆
2	没错儿	méi cuòr		quite right	

3	原来	yuánlái	副词	originally	
4	都	dōu	副词	all, both	都去　都喜欢
5	陪	péi	动词	to accompany	陪朋友　陪她去美术馆
6	烤鸭	kǎoyā	名词	roast duck	北京烤鸭　一只烤鸭
7	节目	jiémù	名词	program, show	表演节目　一个节目
8	京剧	jīngjù	名词	Beijing opera	表演京剧　唱京剧
9	杂技	zájì	名词	acrobatics	表演杂技　看杂技表演
10	变脸	biànliǎn	名词	face changing (one of the unique skills in Sichuan opera)	表演变脸
11	精彩	jīngcǎi	形容词	brilliant, wonderful	很精彩　特别精彩
12	动物园	dòngwùyuán	名词	zoo	北京动物园 去动物园玩儿
13	熊猫	xióngmāo	名词	panda	一只熊猫 去动物园看熊猫
14	服装	fúzhuāng	名词	clothing	
15	市场	shìchǎng	名词	market	服装市场　菜市场
16	好看	hǎokàn	形容词	pretty	真好看　又便宜又好看
17	约	yuē	动词	to make an appointment	约个时间　约个地方 约朋友

专有名词

专名	拼音	英文释义	图例
老舍茶馆	Lǎoshě Cháguǎn	Lao She Teahouse	
全聚德	Quánjùdé	Quanjude	
前门西大街	Qiánménxī Dàjiē	Qianmen West Street	

重点词一

学一学

没错儿 （1）A：北京烤鸭好吃吧？
B：没错儿。
（2）A：今天天气真好！
B：没错儿。咱们出去逛逛吧。
（3）A：中秋节是不是不上课？
B：没错儿。

原来 （1）我原来是学生，现在是老师。
（2）他原来打算学法语，现在想学汉语。
（3）原来我在上海学习汉语，现在来北京了。

都 （1）A：你们都去哪儿玩儿了？
B：我们去故宫和长城了。
（2）A：你家都有什么人？
B：我家有三口人：爸爸、妈妈和我。
（3）你们班同学都有什么爱好？

> ➤“都”在疑问句中可以总括动词后面的宾语，宾语中常有疑问代词，如“哪儿”、“什么”、“哪些”等。
> “都” encompasses the objects after the verb in a question. An interrogative pronoun is usually used as an object, such as “哪儿”, “什么” and “哪些”, etc.

> 注意 Note：
> ➤ 在回答时不用“都”。
> “都” is not used to answer a question.

陪 （1）我常陪妈妈去买衣服。
（2）周末我常常陪朋友聊天儿。
（3）下课以后你陪我去邮局，好吗？

约 （1）我们约个时间去老舍茶馆吧。
（2）今天晚上有时间吗？我想约你去看电影。
（3）咱们约个地方见面吧。

练一练

用所给词语填空　Fill in the blanks with the given words.

没错儿　原来　都　陪　约

（1）我__________打算周末跟朋友去动物园，可是朋友有事，我只好自己去。
（2）明天是星期五，咱们__________个时间一起吃饭吧。

（3）A：王老师是你们的班主任吗？

B：__________。

（4）A：下课以后你能__________我去银行吗？

B：没问题。

（5）A：昨天你__________买了什么？

B：我买了两件衣服和一只烤鸭。

课文二

听一听 06-3

听前问题：周末爱子的同学都做什么了？

上周末我原来打算去美术馆看画展，可是妈妈的朋友星期一要回国，她想周末跟我一起过。我们一起去老舍茶馆看节目了。我最喜欢的节目是变脸，跟变魔术一样，太精彩了！从老舍茶馆出来，我们去全聚德吃烤鸭了。这个周末我有点儿累，可是过得很愉快。

周末我们班同学差不多都出去玩儿了。有的去中国朋友家了，有的去逛胡同了，有的去三里屯了……大家都想利用周末多看看北京，多了解一些中国文化。

练一练

1. 读课文 Read the text.

2. 根据课文内容提问并回答 Ask and answer questions based on the text.

例：爱子为什么没去美术馆？

3. 根据课文内容填空，然后复述课文

Fill in the blanks based on the text and then retell the text.

上周末爱子原来打算__________________，可是妈妈的朋友__________________，她想__________________。她们一起去__________________。__________________以后，她们就去__________________。这个周末她__________________，可是__________________。

周末大家差不多都出去玩儿了。有的______________，有的______________，有的______________……大家都想____________________。

4. 用下列提示词介绍你自己的周末生活

Use the following words to talk about your weekends.

原来　打算　一样　差不多　有的　利用　了解

词语二

读一读　写一写 06-4

序号	词语	拼音	词性	英文释义	搭配
1	上	shàng	名词	last	上个星期　上星期五
2	画展	huàzhǎn	名词	art exhibition	看画展
3	变魔术	biàn móshù		to perform magic tricks	会变魔术
4	一样	yíyàng	形容词	same	跟……一样
5	出来	chū//lái	动词	to come out	从宿舍出来　从教室出来
6	有点儿	yǒudiǎnr	副词	a little bit	有点儿累　有点儿紧张
7	差不多	chàbuduō	副词	almost, nearly	差不多大　差不多一样
			形容词	similar, about the same	颜色差不多
8	有的	yǒude	代词	some	
9	胡同	hútòng	名词	alley	逛胡同　参观胡同
10	利用	lìyòng	动词	to take advantage of	利用周末　利用假期
11	了解	liǎojiě	动词	to know, to understand	了解中国　了解朋友
12	（一）些	(yì) xiē	数量词	some	一些朋友　这（一）些书 那（一）些笔
13	文化	wénhuà	名词	culture	中国文化　了解一些中国文化

专有名词

专名	拼音	英文释义	图例
三里屯	Sānlǐtún	Sanlitun, a place of Beijing	

重点词二

学一学

一样 （1）我的自行车跟你的一样。
（2）我的爱好和你的不一样。
（3）我和你一样大，也是 23 岁。
（4）我跟你一样喜欢汉语。

A 跟 / 和 B 一样
A 跟 / 和 B 不一样
A 跟 / 和 B 一样 + Adj
A 跟 / 和 B 一样 + V（+ O）

差不多 （1）这两件衣服的颜色差不多。
（2）我 20 岁，他 21 岁，我们俩差不多大。
（3）我的爱好跟她的差不多一样。

……差不多
差不多 + Adj

有的 （1）我的朋友们爱好不太一样，有的喜欢在家上网，有的喜欢出去玩儿。
（2）我们班有很多留学生，有的是韩国人，有的是美国人，有的是俄罗斯人。
（3）周末大家都出去玩儿了，有的去中国朋友家了，有的去逛胡同了，有的去动物园了……

有的……，有的……
➢ “有的……”表示人或事物中的一部分。
“有的……” indicates a part of people or things.

利用 （1）大家都想利用周末多看看北京，多了解一些中国文化。
（2）我要利用周末出去玩儿玩儿。
（3）我打算利用这两天去上海玩儿玩儿。

练一练

用所给词语填空　Fill in the blanks with the given words.

一样　差不多　有的　利用

（1）我以前的同学现在都工作了，________是老师，________是律师（lǜshī lawyer），________是大夫（dàifu doctor）。

（2）A：我喝可乐，你喝什么？

B：跟你________。

（3）我________在北京学习的时间认识了很多朋友。

（4）我跟她的爱好________，可是我喜欢听中国歌，她喜欢听美国歌。

语　法　一

学一学

动作的完成（1）——语气助词“了”　Completion of Actions—The Modal Particle“了”

➤ 去“超市”发生在什么时候？
When did you go shopping（“去超市”）？

（1）A：昨天你去哪儿了？

B：昨天我去超市了。

（2）昨天晚上我去看电影了。

（3）上个周末我去长城了。

➤“了”出现在动词谓语句的句尾，表示某种动作或情况已经实现或完成。
“了” appears at the end of a sentence with a verbial predicate to indicate the completion of an action or a situation that has been brought about.

时间状语（Adverbial）	主语（S）	谓语（P）		
		V	宾语（O）	了
昨天	我	去	超市	了。

（4）A：今天早上你吃早饭了吗？

B：我没吃早饭。

否定形式　Negative form：
没（有）+V（+O）
注意　Note：
➤ 句尾不能用“了”。
“了” cannot be used at the end of a negative sentence.

（5）A：昨天晚上你做作业了没有？

B：我做作业了。

（6）A：上个周末你看没看电影？

B：我没看电影。

正反疑问句的形式：
The affirmative-negative form:
（1）……了没有
（2）V 没 V（+O）

注意　Note：
➤ 表示经常性的动作时，句尾不能用“了”。例如：
To indicate a habitual or regular action, “了” is not used at the end of a sentence. For exmple:
（1）来中国以前我每天早上都跑步了。（×）
（2）这几年我常常去旅行了。（×）

练一练

1. 变换句式，将下列肯定句变换为正反疑问句和否定句

Change the following affirmative sentences into affirmative-negative questions and negative sentences.

例：我吃早饭了。 ⟹ 你吃早饭了没有？
我没吃早饭。

（1）上星期六我看电影了。 ______________________？
______________________。

（2）昨天她去银行了。 ______________________？
______________________。

（3）上个周末我买衣服了。 ______________________？
______________________。

（4）今天早上我吃早饭了。 ______________________？
______________________。

2. 用“了”完成会话　Complete the dialogues using “了”.

（1）A：昨天晚上你做什么了？

B：______________________。

（2）A：上个周末你去老舍茶馆了没有？

B：______________________。

（3）A：______________________________？

B：昨天我去动物园了。

（4）A：______________________________？

B：上个周末我去全聚德吃烤鸭了。

语 法 二

学一学

反问句（1）——不是……吗

Rhetorical Questions (1) —不是……吗

➤“不是……吗”构成的反问句，用来表示肯定，并有强调的意思。
A rhetorical question constituted by “不是……吗” is used to emphasize the affirmation.

（1）A：昨天我去老舍茶馆了。

B：你不是说昨天要去美术馆吗？（你说了昨天要去美术馆。）

（2）A：咱们打扫一下房间吧。

B：房间不是很干净吗？（我觉得房间很干净，不需要打扫。）

练一练

1. 根据提示，用“不是……吗”完成会话

Complete the dialogues using “不是……吗” based on the hints given.

（1）A：昨天我去动物园了。

B：____________________________？（你说了昨天要去老舍茶馆。）

（2）A：他是我的同学。

B：____________________________？（我知道他是你的男朋友。）

2. 用“不是……吗”完成会话　Complete the dialogues using “不是……吗”.

（1）A：我明天回国。

B：____________________________？

（2）A：我的词典呢？

B：____________________________？

实践活动

语音练习

练习语音：i u ü

06-5

一、辨音 Sound discrimination

liánxì —— liánxù		bànlǐ —— bànlǚ	
联系	连续	办理	伴侣
to contact	continuous	to handle	companion
xiàwǔ —— xià yǔ		jìlù —— jìlǜ	
下午	下 雨	记录	纪律
afternoon	to rain	to record	discipline

二、声调 Tones

公司	出来	精彩	京剧	先生
熊猫	前门	牛奶	杂技	觉得
烤鸭	旅游	了解	好看	有的
一些	去年	市场	动物	客气

三、朗读句子 Read aloud the following sentences.

Jīntiān xià yǔ,
今天 下 雨，
chuān lǜ yǔyī de Xiǎo Lǚ,
穿 绿 雨衣 的 小 吕，
qù tǐyùjú zhǎo chuān lǜ yùndòngyī de Lǎo Lǐ.
去 体育局 找 穿 绿 运动衣 的 老 李。

词汇积累

量词	动物 dòngwù	图例
只 / 条 zhī tiáo	狗 gǒu	
只	猫 māo	
只	鸟 niǎo	
只	鸡 jī	
只	鸭 yā	
只	熊猫	
匹 pǐ	马 mǎ	
头 tóu	牛 niú	

只 / 头	羊 yáng	
条	鱼 yú	

汉字认知

单人旁（亻）的汉字　Characters with the Radical “亻”

下面几个汉字的部首是“亻”，读作“单人旁”：

The following characters have “亻” as the radical, which is pronounced as dānrénpáng（单人旁）.

	你	们	体	作	传

“亻”原来写作“人”。单人旁的汉字最早的意思都和人有关系。

The radical “亻” was originally written as “人”. Characters with this radical were person-related in meaning in early times.

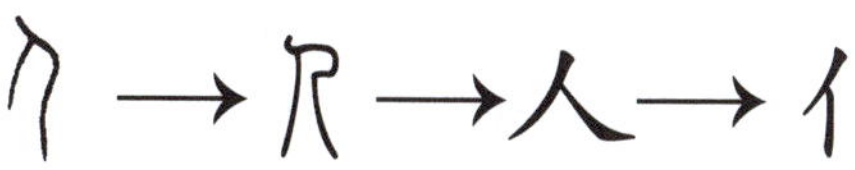

交际任务

了解一下你们班同学和中国老师的周末生活，要求询问五位以上，填在下面的表里。下次课汇报。

Interview five or more of your classmates and Chinese teachers about their weekends and fill in the following form. Report your findings to the class next time.

姓名	时间	做什么了

（续表）

姓名	时间	做什么了

文化阅读

中国茶

中国人常说：开门七件事，柴（firewood）、米、油、盐、酱、醋、茶，可见茶在中国人生活中占有很重要的地位。中国是茶叶的故乡，是世界上最早认识、种植（to plant）、制作（to make, to manufacture）茶叶的国家。在中国，茶有很多种，包括绿茶、红茶、乌龙茶、花茶等等。喝茶对身体健康很有好处。

中国人喜欢喝茶，客人来家里时要请客人喝茶，朋友一起去饭店吃饭一般要先点一壶茶。有时也会约朋友去茶馆喝茶。老北京有很多茶馆，泡茶有很多规矩（rule）——不同的茶要用不同的茶具（tea set），对水温也有不同的要求。在茶馆，朋友们常常一边喝茶，一边聊天儿，有时还要看看节目。

中国人喝茶的习惯影响了不少国家。从17世纪开始，中国茶传入英、美等国。到现在，100多个国家和地区都有喝茶的习惯。

选择正确答案：

1. 文章中没有提到的茶是：（　　）

A. 白茶　　B. 红茶　　C. 绿茶

2. 中国人开门七件事不包括：（　　）

A. 米　　B. 酒　　C. 油

3. 茶叶的故乡是：　（　　）

A. 中国　　B. 美国　　C. 英国

4. 下面哪一个是老北京茶馆喝茶的习惯？　（　　）

A. 不同的茶用不同的茶具　　B. 泡茶的水温必须是 100℃

C. 喝茶的时候不能聊天儿

学习后记

词语	语言点

7 你能帮我买杯咖啡吗

学习提示

话　题	谈学习
重点词	别　帮　别的　马上　遍　该……了 不过　还是　担心　一定
重点句	1. 有的生词我还不会写呢。 2. 一会儿该上课了。 3. 今天我很早就去教室了，想在上课前多写几遍生词。 4. 昨天晚上真应该多练练。 5. 今天晚上一定要好好儿复习。
语　法	1. 能愿动词——“得”和“应该” 2.“就”和“才”
语音练习	an-ang　en-eng　in-ing
词汇积累	常见办公用品及功能
汉字认知	口字旁（口）的汉字
文化阅读	中国的辞书

热身活动

想一想　说一说

学习汉语的时候，你查词典吗？这些都是常用的汉语词典（字典），你了解吗？

Do you consult a dictionary when you study Chinese? Do you know these commonly-used Chinese dictionaries?

《现代汉语词典》

Xiàndài Hànyǔ Cídiǎn

《学汉语用例词典》

Xué Hànyǔ Yònglì Cídiǎn

《汉语 1000 常用字》

Hànyǔ 1000 Chángyòngzì

电子词典

diànzǐ cídiǎn

课堂学习

课文一

听一听　07-1

听前问题：金大成请爱子帮他做什么？为什么？

（上课前，爱子和金大成在聊天儿。）

爱　子：金大成，今天你来得真早啊！

金大成：你也挺早的。

爱　子：你写什么呢？别写了，一起去买早餐吧。

金大成：你能帮我买杯咖啡吗？今天我得听写，有的生词还不会写呢。

爱　子：没问题。你还要别的吗？

金大成：再买个面包吧。

爱　子：好！马上就去。

（爱子拿着面包和咖啡走进教室。）

金大成：你怎么才回来啊？

爱　子：买早餐的人挺多的。给你咖啡和面包。写得怎么样？

金大成：还有一两个字不会写。昨天晚上应该多写几遍。

爱　子：快吃吧！一会儿该上课了。

金大成：谢谢你！爱子。

练一练

1. 读课文　Read the text.

2. 根据课文内容提问并回答　Ask and answer questions based on the text.

   例：金大成今天来得早还是晚？为什么？

3. 分角色表演　Role play.

4. 两人一组，模仿课文，请求对方帮自己买东西
   Work in pairs. Ask your partner to shop for you following the text.

A	B
一起……吧。	我得…… 能帮我……吗？
	怎么……
给你……	

词语一

读一读　写一写　07-2

序号	词语	拼音	词性	英文释义	搭配
1	早	zǎo	形容词	early	真早　来得早
2	别	bié	副词	don't	别吃东西　别写了　别睡了
3	早餐	zǎocān	名词	breakfast	买早餐　做早餐　吃早餐

4	帮	bāng	动词	to help	帮我买杯咖啡　帮我复习
5	杯	bēi	量词	*a measure word for drinks*	一杯咖啡　一杯牛奶
6	得	děi	动词	to have to	
7	听写	tīngxiě	动词	to dictate	听写生词　听写课文
8	生词	shēngcí	名词	new word	学习生词　记生词
9	别的	biéde	代词	else, other	买别的　要别的　别的同学
10	面包	miànbāo	名词	bread	一个面包　一块面包
11	马上	mǎshàng	副词	at once	马上就去　马上就到
12	才	cái	副词	*indicating that sth. has taken place later than the usual, proper or expected time*	才起床　才吃饭
13	回来	huí//lái	动词	to return	买回来　走回来
14	应该	yīnggāi	动词	should, must	应该参加　应该去
15	遍	biàn	量词	(*for actions*) once through, a time	说一遍　听一遍　写一遍 写十遍生词
16	该……了	gāi……le		It's time to do someting.	该上课了　该吃饭了

重点词一

学一学

别

（1）别睡了，快起床吧！

（2）上课的时候别吃东西。

（3）别写了，一起去买早餐吧。

> 别 + V（+ O）（+ 了）
> ➤ 表示禁止或劝阻。
> It indicates to forbid somebody doing something or to persuade somebody from doing something.

帮

（1）金大成，请帮我一下。

（2）你能帮我买瓶矿泉水吗？

（3）A：爱子，帮我买杯咖啡吧。

B：好，没问题。

> 帮 + O（人 somebody）+ 一下
> 帮 + O（人 somebody）+ V + O（事物 something）

别的

（1）我不想买别的，只想买瓶矿泉水。

（2）A：你还要别的吗？

B：再买个面包吧。

> 别的
> ➤ 代替名词。
> It is used to substitute for a noun.

（3）A：你知道“魔术”的“魔”怎么写吗？

B：我也不会写，你问问别的同学吧。

（4）我只想吃烤鸭，不想吃别的东西。

> 别的 + N
> ➢ 意思是另外的。
> It means “another / other”.

马上 （1）好！马上就去。

（2）请等一下，菜马上来。

（3）A：你在哪儿？

B：我马上就到教室。

> 马上（+就）+ V
> ➢ 表示即将很快发生某件事情，常和“就”一起使用。
> It indicates something will happen very soon. It is usually used with “就”.

遍 （1）今天的生词，一个写十遍。

（2）老师，您能再说一遍吗？

（3）我们先读两遍生词，然后听写。

该……了

（1）快吃吧！一会儿该上课了。

（2）太累了！该休息一下了。

（3）A：该谁听写了？

B：该金大成了。

（4）该你回答问题了。

> ➢ 表示根据情理或经验推测必然或可能的结果。
> It indicates an inevitable or a possible result based on reasoning or experience.
> ➢ 应该轮到。
> It means “it is one's turn to do something”.

练一练

用所给词语填空　Fill in the blanks with the given words.

别　帮　别的　马上　遍　该……了

（1）你们＿＿＿＿＿说话了！我在打电话呢。

（2）A：咱们要个宫保鸡丁，怎么样？

B：我不喜欢吃宫保鸡丁，咱们点个＿＿＿＿＿菜吧。

（3）A：你们什么时候能到我家？

B：我们＿＿＿＿＿就到。

（4）A：你可以＿＿＿＿＿我买瓶矿泉水吗？

B：可以。

（5）A：你__________睡觉__________吧？

B：我十一点半睡觉，再听会儿音乐。

（6）老师，能再听一__________吗？

课文二

听一听 07-3

听前问题："我"担心什么？为什么？

昨天晚上我看足球比赛了，睡得很晚，差不多两点才睡，生词和课文预习得都不好，很多意思还不懂。今天我很早就去教室了，想在上课前多写几遍生词，查一查词典。不过听写的时候，很多生词还是不会写，昨天晚上真应该多练练。下个星期我们有考试。老师说这次考试有点儿难，我担心自己不及格，因为这几天一直看足球，很多内容都没复习。今天晚上一定要好好儿复习。

练一练

1. 读课文　Read the text.

2. 根据课文内容提问并回答　Ask and answer questions based on the text.

例："我"为什么今天很早就去教室了？

3. 根据课文内容填空，然后复述课文
Fill in the blanks based on the text and then retell the text.

昨天晚上我____________，差不多____________，生词______________。今天我____________，想____________，不过____________。下个星期____________。老师说，____________，所以____________，因为____________，很多内容____________。今天晚上一定____________。

4. 用下列提示词介绍一下你自己的学习情况
Use the following words to talk about your study.

预习　复习　生词　汉字　听写　考试　担心　及格

词 语 二

读一读 写一写 07-4

序号	词语	拼音	词性	英文释义	搭配
1	比赛	bǐsài	名词	contest, match, game	足球比赛　汉语比赛
			动词	to compete	比赛足球
2	晚	wǎn	形容词	late	很晚　不太晚
3	课文	kèwén	名词	text	读课文　读一遍课文
4	预习	yùxí	动词	to prepare lessons before class	预习生词　预习课文
5	意思	yìsi	名词	meaning	课文的意思　什么意思
6	懂	dǒng	动词	to understand	懂了　不懂
7	查	chá	动词	to consult/look up (a word in a dictionary)	查生词
8	词典	cídiǎn	名词	dictionary	一本词典　查词典
9	不过	búguò	连词	but, however	
10	还是	háishi	副词	still, get	还是不会写　还是不懂
11	练	liàn	动词	to practice	练汉字　练练　多练练生词
12	下	xià	名词	next	下个星期　下个月
13	考试	kǎo//shì	动词	to take an exam	正在考试　开始考试
		kǎoshì	名词	exam	有考试　考试不难
14	难	nán	形容词	difficult	很难　不太难
15	担心	dān//xīn	动词	to worry about	很担心　担心学不会
16	及格	jí//gé	动词	to pass	能及格　及格了　不及格
17	内容	nèiróng	名词	content	考试内容　学习内容
18	复习	fùxí	动词	to review	复习课文　复习语法
19	一定	yídìng	副词	surely, definitely	一定来　一定要好好儿复习

重点词二

学一学

不过　（1）我觉得汉字很有意思，不过有点儿难。

（2）昨天我预习生词了，不过听写的时候差不多都忘了。

（3）A：你喜欢吃中国菜吗？

B：喜欢，不过我不常吃。

> ➤ 表示转折，多用于口语。
> It is often used in spoken Chinese to indicate a transition.

还是　（1）今天我听写的时候，很多生词还是不会写。

（2）来中国以后我还是常常睡得很晚。

（3）A：明天天气怎么样？

B：明天还是很冷。

> 还是 + V / Adj
> ➤ 表示行为、动作或者状态保持不变。
> It indicates a behavior, an action or a state remains unchanged.

担心　（1）我一个人在北京学习，妈妈很担心我。

（2）A：金大成，你怎么了？

B：明天有考试，我担心不及格。

（3）我担心他不来。

> 担心 + O（人 somebody）
> 担心 + V
> 担心 + 小句（clause）

一定　（1）明天有考试，你们一定要好好儿复习。

（2）A：明天我请客，你能来吗？

B：我一定去。

（3）A：欧阳兰会包饺子吗？

B：她是中国人，一定会。

练一练

用所给词语填空　Fill in the blanks with the given words.

不过　还是　担心　一定

（1）我今天很忙，＿＿＿＿＿明天没什么事，可以跟你去看电影。

（2）我两年没回美国了，今年＿＿＿＿＿得回去看看爸爸妈妈。

（3）你＿＿＿＿＿和以前一样漂亮。

（4）妈妈，我在北京很好，不用＿＿＿＿＿我。

语法一

学一学

能愿动词——“得”和“应该”　Modal Verbs — “得” and “应该”

学过的能愿动词 Modal Verbs You Have Learned	
肯定　Positive	否定　Negative
会	不会
能	不能
可以	不能
想	不想
要	不想

➤ 能愿动词表达能力、要求、愿望、可能等，放在动词之前。
A modal verb, used before a verb, indicates one's ability, request, wish or possibility.

1. 得

（1）今天我得听写，有的生词还不会写呢。

（2）我得喝杯咖啡，昨天晚上睡得很晚。

（3）A：今天你还得去学校吗？

　　B：不用，今天我没课。

➤“得”表示情理上、事实上或主观上的需要。否定形式是“不用”，不能用“不得”。
“得” indicates reasonable, actual or subjective needs. The negative form is “不用” instead of “不得”.

2. 应该

（1）你应该每个星期给妈妈打一次电话。

（2）你不应该回来这么晚。

（3）A：你应该不应该好好儿学习？

　　B：应该，我马上就开始复习！

➤“应该”表示从道理上说一定是这样。否定形式是“不应该”。
“应该” means it is supposed to be like this. The negative form is “不应该”.

练一练

1. 用所给词语填空　Fill in the blanks with the given words.

会　能　可以　想　要　得　应该

（1）我弟弟也＿＿＿＿＿说汉语。

（2）你明天＿＿＿＿＿来吗？

（3）明天我们＿＿＿＿＿去欧阳兰家包饺子。

（4）我＿＿＿＿＿写生词，明天要听写。

（5）今天是妈妈的生日，我__________给她打个电话。

（6）我__________去美国学习英语。

（7）你__________给我买杯咖啡吗？

2. 把下列句子改成否定句　Change the following sentences into the negative ones.

例：我会游泳。　⟹　我不会游泳。

（1）他会打篮球。　________________________________。

（2）明天他能跟我们一起去。　________________________________。

（3）你应该现在给她打电话。　________________________________。

（4）你现在可以走。　________________________________。

（5）他要去英国学习。　________________________________。

（6）我得去买苹果。　________________________________。

（7）我想去旅行。　________________________________。

3. 用能愿动词完成会话　Complete the following dialogues using modal verbs.

（1）A：你会开车吗？

B：____________。不过，我今天喝酒（hē jiǔ to drink alcohol）了，

____。

（2）A：我们要去吃西餐，你去吗？

B：不去，____。

（3）A：明天是金大成的生日。

B：____。

（4）A：我们一起去旅行吧！

B：____，不能去。

语　法　二

学一学

“就”和“才”　“就” and “才”

星期一我七点就起床了。

星期天我差不多十二点才起床。

1. 就

（1）我今天早上七点就到教室了。

（2）我马上就到教室。

（3）今天的生词我写了一遍就会了。

> ➤ "就"表示某一动作或情况发生的时间早，所用的时间短，容易实现。
> "就" indicates the earliness, shortness of time used or easiness of an action or a situation.

2. 才

（1）杰克今天八点半才到教室。

（2）我一个小时以后才能到。

（3）今天的生词我写了五遍才会。

> ➤ "才"表示某一动作或情况发生的时间晚，所用的时间长，不容易实现。
> "才" indicates the lateness, lengthiness of time used or difficulty of an action or a situation.

练一练

1. 用"就"和"才"填空 Fill in the blanks using "就" and "才".

（1）昨天晚上十二点半我________睡觉，今天早上六点半________起床了。

（2）我每天走十分钟________到学校了，她每天坐两个小时公共汽车________能到。

（3）今天的课文我听了一遍________懂了，可是汉字写了五遍________会。

2. 用"就"和"才"完成句子 Complete the sentences using "就" and "才".

（1）我家离学校很近，________________________________；

他家离学校很远，________________________________。

（2）今天早上堵车（dǔ//chē traffic jam），________________________；

昨天早上不堵车，________________________________。

（3）昨天的生词很容易（róngyì easy），________________________；

今天的生词很难（nán difficult），________________________。

实践活动

语音练习

练习语音：an-ang en-eng in-ing

07-5

一、辨音 Sound discrimination

chuáng shang ——	chuán shang	rénshēng ——	rénshēn	bú xìn ——	búxìng
床上	船上	人生	人参	不信	不幸
on bed	on the boat	human life	ginseng	unbelievable	unfortunate

dān//xīn —— dāngxīn		zhēnchéng —— Shēnchéng		rénmín —— rénmíng	
担心	当心	真诚	申城	人民	人名
to worry about	to be careful	sincere	another name of Shanghai	people	(a person's) name

二、声调　Tones

ˉ ˉ 应该	ˉ ˊ 生词	ˉ ˇ 听写	ˉ ˋ 生日	ˉ ˚ 东西
ˊ ˉ 房间	ˊ ˊ 及格	ˊ ˇ 词典	ˊ ˋ 不过	ˊ ˚ 别的
ˇ ˉ 早餐	ˇ ˊ 旅游	ˇ ˇ 水果	ˇ ˋ 马上	ˇ ˚ 晚上
ˋ ˉ 面包	ˋ ˊ 预习	ˋ ˇ 上午	ˋ ˋ 上课	ˋ ˚ 谢谢

三、朗读句子　Read aloud the following sentences.

Chuán bù bǐ chuáng cháng, chuáng yě bù bǐ chuán cháng,
船　不比　床　　长，　床　也不比　船　　长，
chuáng hé chuán yíyàng cháng.
床　和　船　一样　长。

词汇积累

办公用品	具体类别	用途	图例
笔	铅笔 qiānbǐ	写字 画画儿	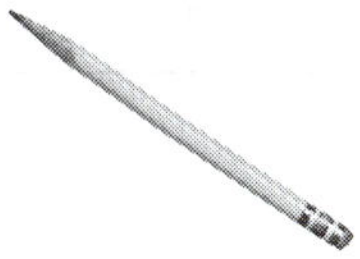
	钢笔 gāngbǐ		
	圆珠笔 yuánzhūbǐ		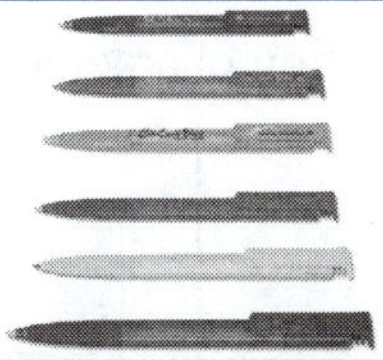
	毛笔 máobǐ		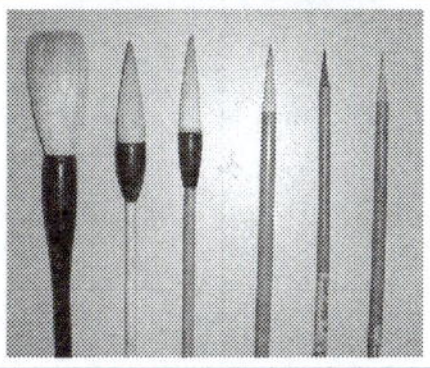

本子	笔记本 bǐjìběn	记笔记 写作业	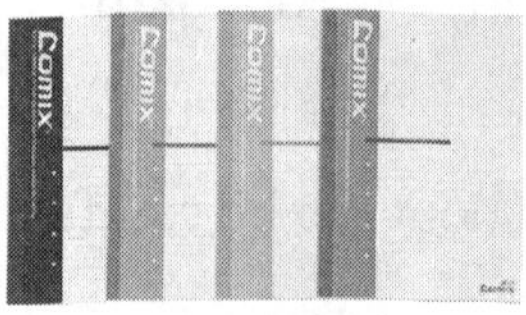
	练习本 liànxíběn		
	活页本 huóyèběn		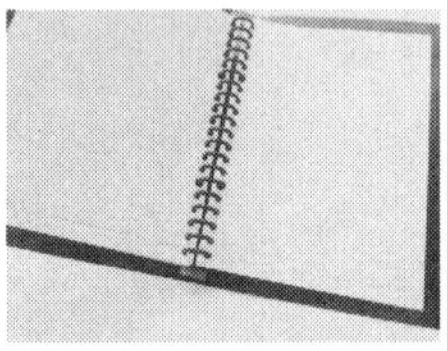
纸	信纸 xìnzhǐ	写信	
	打印纸 dǎyìnzhǐ	打印 复印 fùyìn	
	便条纸 biàntiáozhǐ	记事 留言 liú//yán	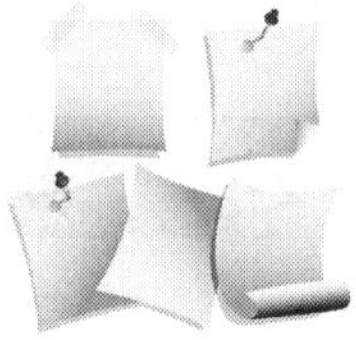

汉字认知

口字旁（口）的汉字　Characters with the Radical“口”

下面几个汉字的部首是“口”，读作“口字旁”：

The following characters have“口”as the radical, which is pronounced as kǒuzìpáng(口字旁).

	听	吃	喝	啤
	名			

口字旁的汉字最早的意思都和人的嘴有关系。

Characters with this radical were related to mouth in meaning originally.

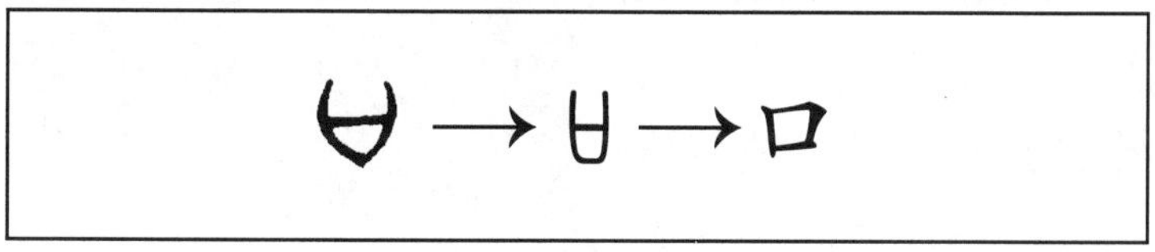

交际任务

了解一下本班同学吃早餐的情况。要求询问五位以上，填在下面的表里。下次课汇报。

Interview five or more of your classmates about their breakfast and fill in the following form. Report your findings to the class next time.

学生	吃早餐吗	吃什么	什么时候吃	在哪儿吃	花多少钱

文化阅读

中国的辞书

辞书就是字典、词典，是我们学习和研究必不可少的工具（tool）。东汉（the Eastern Han Dynasty）许慎的《说文解字》(简称《说文》）是最早的一部字典，它也是世界上最早的字典。其他著名的古代辞书还有《尔雅》、《康熙字典》等。

现代的辞书很多，从内容上看可以分为两类：专业类和语文类。专业类的词典如《中国大百科（encyclopedia）全书》、《经济学词典》等，语文类的如《现代汉语词典》、《新华字典》等。要学好汉语，除了常用的双语词典以外，留学生最好准备以下辞书——商务印书馆出版（to publish）的《现代汉语词典》、《现代汉语八百词》和上海辞书出版社出版的《中国成语大辞典》。

那么，怎样才能又快又好地从字典中找到要查的字呢？常用的有三种查字法——音序（alphabetical order）查字法、部首（radical）查字法和笔画（stroke）查字法。

选择正确答案：

1. 世界上最早的字典是：（　　）
   A.《说文解字》　B.《康熙字典》　C.《辞源》
2. 《现代汉语词典》是一部：（　　）
   A. 语文类辞书　B. 专业类辞书　C. 不知道
3. 下面哪一个不是“双语词典”？（　　）
   A. 英汉词典　B. 汉韩词典　C. 成语词典
4. 如果知道一个字的读音，不知道怎么写，最好用哪种查字法？（　　）
   A. 音序查字法　B. 部首查字法　C. 笔画查字法

学习后记

词语	语言点

8 大夫给我开了一些药

学习提示

话　　题	看病
重 点 词	舒服　就　发烧　怕 结果　容易　注意
重 点 句	1. 我就吃了一碗海鲜面。 2. 这药不错，吃了就会好。 3. 我昨天吃了一碗海鲜面，结果晚上拉肚子了。 4. 大夫给我开了一些药。 5. 一些留学生因为不太习惯中国的气候和饮食，很容易感冒、拉肚子或者过敏。
语　　法	1. 句式总结（3）——主谓谓语句、兼语句 2. 动作的完成（2）——动态助词“了” 3.“还是”和“或者”
语音练习	b-p　d-t　g-k
词汇积累	五种味道及代表食物
汉字认知	病字旁（疒）的汉字
文化阅读	中医与中药

热身活动

想一想 说一说

来中国以后，你得过病吗？得病以后，你打针还是吃药？你吃过中药吗？

Have you ever got sick after you came to China? Did you take an injection or take some pills after you got sick? Have you tried traditional Chinese medicine?

肚子疼 dùzi téng

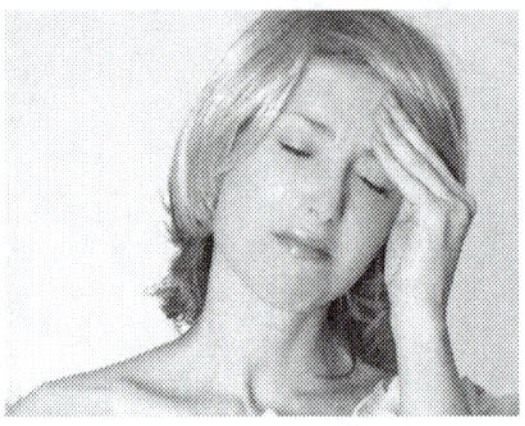
头疼 tóu téng

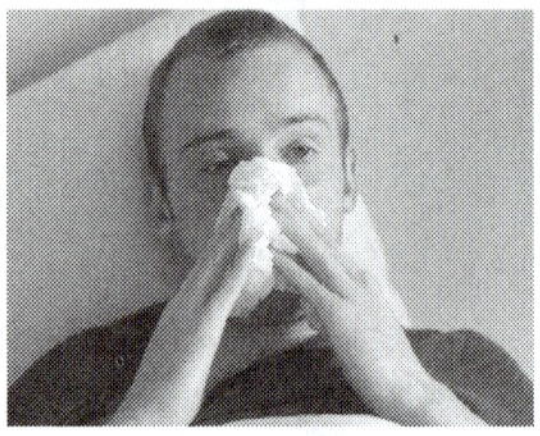
感冒 gǎnmào

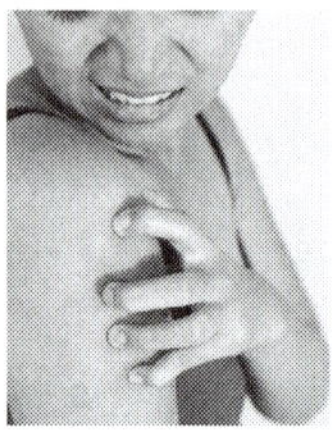
过敏 guòmǐn

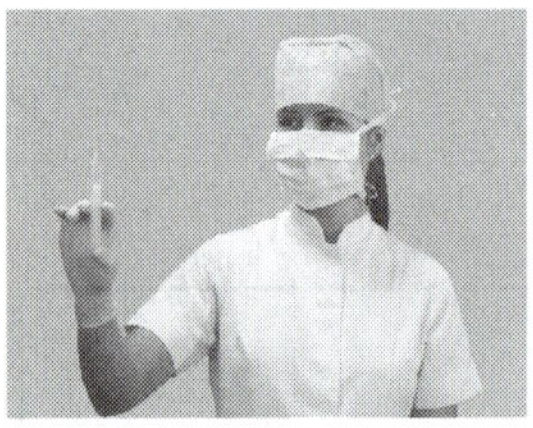
打针 dǎ//zhēn

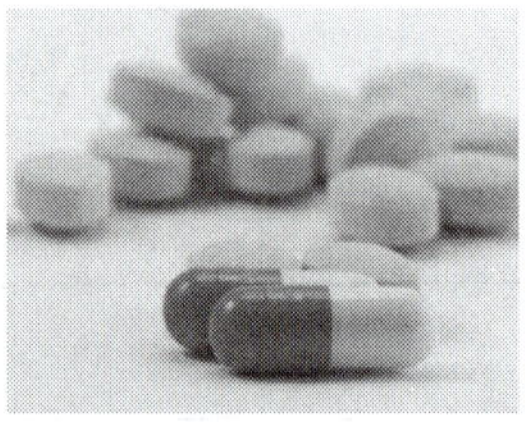
西药 xīyào

中药 zhōngyào

输液 shū//yè

课堂学习

课文一

听一听 08-1

听前问题：杰克现在在哪儿？为什么？

（杰克在医院看病。）

大　夫：你哪儿不舒服？

杰　克：我肚子不舒服，昨天晚上拉了三四次。

大　夫：你昨天晚上吃什么了？

杰　克：就吃了一碗海鲜面。

大　夫：来，量量体温。（量体温）不发烧。你去化验一下吧。

杰　克：（化验以后拿结果回来）大夫，给您。

大　夫：应该是对海鲜过敏。你觉得身上痒吗？

杰　克：挺痒的。

大　夫：我给你打一针吧。

杰　克：打针？我怕疼，您给我开点儿药，可以吗？

大　夫：好吧。（开药后）一天吃三次，一次一片。这药不错，吃了就会好。

杰　克：谢谢您！

练一练

1. 读课文　Read the text.

2. 根据课文内容提问并回答　Ask and answer questions based on the text.

   例：杰克怎么了？为什么？

3. 分角色表演　Role play.

4. 两人一组，模仿课文，表演在医院看病

   Work in pairs. Ones plays the role of a doctor and the other, that of a patient in the hospital following the text.

A（医生）	B（病人）
你哪儿不舒服？	疼
化验	过敏
开药	痒
打针	发烧

词语一

读一读　写一写　08-2

序号	词语	拼音	词性	英文释义	搭配
1	大夫	dàifu	名词	doctor	一位大夫
2	舒服	shūfu	形容词	comfortable	很舒服　不太舒服

3	肚子	dùzi	名词	belly, stomach	大肚子　肚子不舒服
4	拉	lā	动词	to have diarrhoea	拉肚子
5	就	jiù	副词	only, just	就吃了一碗　就去过一次
6	海鲜	hǎixiān	名词	seafood	吃海鲜
7	面	miàn	名词	noodles	海鲜面　一碗面
8	量	liáng	动词	to measure	量一量
9	体温	tǐwēn	名词	body temperature	量量体温
10	发烧	fā//shāo	动词	to have a fever or temperature	发烧了　发高烧 发不发烧
11	化验	huàyàn	动词	to test	化验一下　去化验
12	过敏	guòmǐn	动词	to have an allergy, to be allergic to	对海鲜过敏　过敏了
13	身上	shēnshang	名词	(on) one's body	
14	痒	yǎng	形容词	itchy	有点儿痒　挺痒的 又红又痒
15	打针	dǎ//zhēn	动词	to have or give an injection	打一针
16	怕	pà	动词	to be afraid of, to be worried about	怕打针　怕考试不及格
17	疼	téng	形容词	sore, painful	很疼　有点儿疼　怕疼
18	开	kāi	动词	to prescribe	开药

重点词一

学一学

舒服　（1）我觉得住在这儿很舒服。

（2）吃了药，我觉得舒服多了。

（3）A：你哪儿不舒服？

B：我肚子不舒服，昨天晚上拉了三四次。

就　（1）我身上就有五十多块钱。
（2）来中国以前，我就会说“你好”、“谢谢”。
（3）A：你今天有几节课？
B：就有两节课。

> 就 + V + O（常为数量短语 It is often used as a quantitative phrase.）
> ➤ 强调数量少。
> It is used to stress the number is small.

发烧　（1）不发烧，你去化验一下吧。
（2）大夫，今天早上我发烧了。
（3）A：来，量量体温。
B：三十九度（dù temperature）（39℃），你发高烧了。

怕　（1）我怕疼，不打针可以吗？
（2）我不怕考试，就怕回答问题。
（3）A：咱们去商店买东西吧。
B：不行，我怕考试不及格，得在宿舍复习。
（4）我怕有的词不会，所以带了一本词典。

> 怕 + N / Adj / V / 小句 (clause)
> ➤ 表示害怕。
> It means to be afraid of.
>
> 怕 + V / 小句 (clause)
> ➤ 表示担心。
> It means to worry about.

练一练

用所给词语填空　Fill in the blanks with the given words.

舒服　就　发烧　怕

（1）昨天，我__________买了一本词典。
（2）我拉肚子了，不过没__________。
（3）A：你是打针还是吃药？
B：我__________疼，您给我开点儿药吧。
（4）A：你的宿舍不错呀。
B：是，挺__________的。

课文二

听一听　08-3

听前问题：来中国后，一些留学生容易得什么病？

我昨天吃了一碗海鲜面，结果晚上拉肚子了，身上又红又痒。上午我去医院了。大夫说我对海鲜过敏。我怕疼，不愿意打针，大夫就给我开了一些药。因为没去上课，所以请他开了一张假条。

大夫说，一些留学生来中国以后，因为不太习惯中国的气候和饮食，容易感冒、拉肚子或者过敏。他说，留学生应该每天都看看天气预报；多锻炼；注意饮食，别吃不干净的东西；还要注意休息，少熬夜。

练一练

1. 读课文　Read the text.

2. 根据课文内容提问并回答　Ask and answer questions based on the text.

例："我"昨天吃了什么？结果怎么样？

3. 根据课文内容填表，然后复述课文

Fill in the form based on the text and then retell the text.

为什么	结果怎么样	怎么办
吃了一碗海鲜面		
	不愿意打针	
生病了	没去上课	
不习惯中国的气候和饮食	感冒、拉肚子或过敏	1. 2. 3. 4.

4. 用下列提示词介绍一次你自己看病的经历

Use the following words to talk about your experience of seeing a doctor.

医院　怕　打针　开药　假条　锻炼　注意

词语二

读一读　写一写　08-4

序号	词语	拼音	词性	英文释义	搭配
1	结果	jiéguǒ	名词	result	化验结果　考试结果
			连词	as a result	

2	愿意	yuànyì	动词	to wish, would like	愿意做　愿意学习 不愿意打针
3	假条	jiàtiáo	名词	application for leave, note for leave	一张假条　开假条
4	气候	qìhòu	名词	climate	
5	饮食	yǐnshí	名词	diet, food and drink	
6	容易	róngyì	形容词	easy, easily	容易过敏　容易拉肚子 很容易　不容易
7	感冒	gǎnmào	动词	to catch a cold	感冒了　容易感冒
8	或者	huòzhě	连词	or	
9	天气预报	tiānqì yùbào		weather forecast	看天气预报　听天气预报
10	注意	zhùyì	动词	to pay attention to	请注意　注意听 注意老师说的话
11	干净	gānjìng	形容词	clean	很干净　不干净 干净的房间
12	熬夜	áo//yè	动词	to stay up late or all night	少熬夜　昨晚熬夜了

重 点 词 二

学一学

结果　（1）我看一下化验结果。

（2）明天就可以知道考试结果，别着急。

【N】

（3）我昨天吃了一碗海鲜面，结果拉肚子了。

（4）他学习不努力，结果考试考得很不好。

【Conj】
……，结果……。
➢ 表示在前面所说的情况下出现某种结果。
It indicates a result comes out under the situation mentioned above.

容易　（1）一些留学生因为不太习惯中国的气候和饮食，容易感冒、拉肚子或者过敏。

（2）我身体不太好，很容易累。

容易 + V/Adj
➢表示出现某种情况的可能性大。
It indicates that a situation is very likely to occur.

（3）这次考试很容易，别担心了。

（4）原来我觉得写汉字很难，现在我觉得很容易。

> 表示简单好做。
It means easy.

注意 （1）要注意休息，别熬夜。

（2）上课要注意听，下课要认真练。

（3）大家请注意，明天早上我们八点去长城。

练一练

用所给词语填空　Fill in the blanks with the given words.

结果　容易　注意

（1）吃不干净的海鲜__________拉肚子。

（2）请__________考试时间。

（3）他不好好儿学习，__________，考得很不好。

语　法　一

学一学

句式总结（3） Summary of Sentence Patterns (3)

1. 主谓谓语句　Sentences with Subject-Predicate Phrases as the Predicates

（1）A：你哪儿不舒服？

　　B：我肚子不舒服。

（2）A：你学习怎么样？

　　B：我学习很忙。

> 主谓谓语句是主谓短语做谓语，说明或描写主语的句子。
A sentence with a subject-predicate phrase as the predicate is one in which the predicate is a subject-predicate phrase used to explain or describe the subject.

主语$_1$（S_1）	谓语（P_1）	
	主语$_2$（S_2）	谓语$_2$（P_2）
我	肚子	不舒服。
我	学习	很忙。

2. 兼语句　Pivotal Sentences

（1）老师让我们介绍自己。
（2）大夫让我吃药。
（3）妈妈叫我来中国。
（4）老师叫我写生词。
（5）我请大夫开了一张假条。
（6）我想请王老师教书法。

➤ 表达“让某人做某事”的意义时，用兼语句。兼语句的谓语由两个动宾短语构成，前一个动词的宾语又是第二个动词的主语。兼语句的前一个动词常常是“让”、“叫”、“请”等有使令意义的词。
A pivotal sentence is used to indicate “to ask somebody to do something”. Its predicate is composed of two verb-object phrases, and the object of the first verb is the subject of the second verb. A verb indicating a request or command such as “让”, “叫” or “请” is often used as the first verb in a pivotal sentence.

主语（S_1）	谓语（P）			
	V_1（让、叫、请）	O_1 / S_2	V_2	O_2
老师	让	我们	介绍	自己。
妈妈	叫	我	来	中国。
我	请	大夫	开了	一张假条。

练一练

1. 两人一组，做替换练习　Work in pairs to do the substitution drills.

（1）A：你怎么了？
　　B：我肚子疼。

头（tóu head）
嗓子（sǎngzi throat）
体温
身体

有点儿疼
很疼
有点儿高
不太舒服

（2）A：你父母身体怎么样？
　　B：我父母身体很好。

爸爸
哥哥
妹妹
弟弟

工作（gōngzuò to work）
工作
学习
学习

很忙
不太忙
很不错
不太好

（3）A：老师让你做什么？
　　B：老师让我写生词。

读课文
预习生词
复习语法
说说自己的爱好

（4）妈妈叫我回国。

老师
欧阳兰
金大成
我男朋友

回答问题
去她家玩儿
去美术馆
买词典

（5）我请妈妈 来中国看看。

王老师	来我家
爱子	帮我买邮票
朋友	吃烤鸭
大夫	开点儿药

2. 两人一组，根据图片提问并回答

Work in pairs. Ask and answer questions based on the pictures.

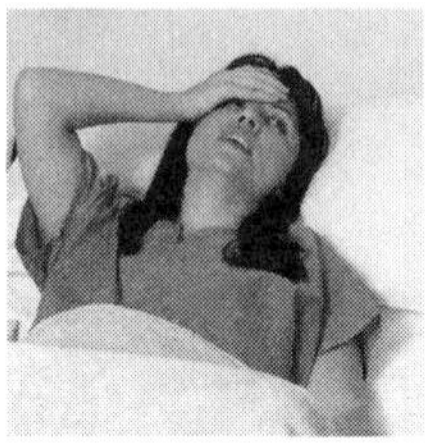

例：A：你哪儿不舒服？

B：我头很疼。

牙（yá tooth）

嗓子

A：________________　　A：________________

B：________________　　B：________________

3. 用“让、叫、请”完成句子　Complete the sentences using “让”, “叫” or “请”.

（1）班主任____我 ________________________。

（2）姐姐____我 ________________________。

（3）我____爱子 ________________________。

（4）妈妈____弟弟 ________________________。

（5）同学们____老师 ________________________。

（6）我____安娜 ________________________。

语 法 二

学一学

动作的完成（2）——动态助词“了” Completion of Actions (2) —The Aspect Particle“了”

1. V + 了 + 数量短语 + N
   V + 了 + quantitative phrase + N

（1）A：你喝了几瓶啤酒？
　　B：我喝了三瓶啤酒。

（2）我就吃了一碗海鲜面。

> ➤ 动态助词“了”用在动词的后面表示动作或状态已经实现或完成。宾语要求是一个带数量短语的结构。
> The aspect partical “了” is used after a verb to indicate an action or a state has been completed or realized. The object must be a construction in which a quantitative phrase is used.

主语（S）	谓语（P）		
	V	了	数量短语 + N
我	喝	了	三瓶啤酒。

（3）A：咱们一起去吃饭吧。
　　B：我吃了饭了。（我不去了。）

（4）A：我想去买词典，你去吗？
　　B：我买了词典了。（我不用买了。）

> ➤ 如果宾语不含有数量短语，那么句尾要加“了”使句子完成。
> If a quantitative phrase is not used in an object, “了” is added at the end of the sentence to complete it.

（5）昨天我去书店买了一本词典。

（6）妈妈让我买了五斤苹果。

> ➤ 连动句和兼语句中，动态助词“了”用在第二个动词后面。
> In sentences with verbal constructions in series and pivotal sentences, the aspect particle “了” is used after the second verb.

2. V_1 + 了 + O_1 + 就 + V_2（+ O_2）

（1）我一般下了课就回宿舍。

（2）A：咱们什么时候回学校？
　　B：买了东西就回学校。

（3）A：你什么时候去邮局？
　　B：下了课就去。

> V_1 + 了 + O_1 + 就 + V_2（+ O_2）
> ➤ 如果句中的两个动作是平时常发生的或在将来发生的，句尾不用“了”。
> If the two verbs in the sentence refer to actions that often take place or will take place in the future, “了” is not used at the end of the sentence.

（4）昨天晚上我做了作业就睡觉了。

（5）昨天我下了课就去看电影了。

> V_1 + 了 + O_1 + 就 + V_2（+ O_2）+ 了
> ➤ 如果句中的两个动作都已经发生，句尾要用“了”。
> If the two verbs in the sentence refer to actions that already took place, “了” is used at the end of the sentence.

主语（S）	谓语（P）						
	V_1	了	O_1	就	V_2	（O_2）	（了）
我	买	了	东西	就	回	学校。	

练一练

1. 两人一组，做替换练习　Work in pairs to do the substitution drills.

（1）昨天我吃了一碗海鲜面。

喝	三瓶酒
买	四个苹果
看	一个画展
吃	两次药

（2）大夫说吃了药就会好。

我请了假	去看病
你下了课	来找我吧
我们吃了饭	去超市

（3）昨天我下了课就去买东西了。

下了课	回宿舍
吃了早饭	去上课
吃了海鲜面	拉肚子

2. 给“了”选择正确的位置　Put “了” in the right positions.

（1）昨天我 A 一共 B 买 C 三本书 D。

（2）明天我 A 下 B 课就去 C 买东西 D。

（3）昨天 A 老师让 B 我们写 C 五遍生词 D。

（4）我 A 去 B 邮局寄 C 一个包裹 D。

3. 完成会话　Complete the following dialogues.

（1）A：早上你吃饭了没有？

B：________________________________。

A：你吃了什么？

B：________________________________。

（2）A：上个周末你买东西了没有？

B：________________________________。

A：你买了什么？

B：________________________________。

语 法 三

学一学

"还是"和"或者"　"还是"and"或者"

1. 还是

（1）A：你吃西餐还是中餐？
　　B：吃中餐吧。

（2）A：你喝茶还是咖啡？
　　B：都可以。

（3）A：你上午来还是下午来？
　　B：我下午来。

> ➤"还是"用在疑问句中。
> "还是" is used in interrogative sentences.

2. 或者

（1）A：周末咱们去长城还是故宫（Gù Gōng）？
　　B：长城或者故宫都可以。

（2）A：你下午一般做什么？
　　B：学习汉语或者锻炼身体。

（3）A：你什么时候能来我们公司？
　　B：今天下午或者明天都可以。

> ➤"或者"用在肯定句中。
> "或者" is used in affirmative sentences.

练一练

1. 用所给词语填空　Fill in the blanks with the given words.

还是　或者

（1）安娜是英国人__________俄罗斯人？

（2）A：咱们去老舍茶馆__________全聚德？
　　B：老舍茶馆 __________全聚德都可以。
　　A：咱们怎么去？
　　B：坐公共汽车__________出租车都可以。

2. 两人一组，根据图片用“还是”或“或者”完成会话

Work in pairs. Complete the following dialogues based on the pictures using “还是” or “或者”.

（1）A：______________________？

B：我喜欢吃日餐。

（2）A：你一般周末做什么？

B：______________________。

（3）A：______________________？

B：我喝白酒。

（4）A：明天咱们去哪儿玩儿？

B：______________________。

实践活动

语音练习

练习语音：b-p d-t g-k

08-5

一、辨音 Sound discrimination

bízi ——	pízi	dú//shū ——	túshū	kègǔ ——	kèkǔ
鼻子	皮子	读书	图书	刻骨	刻苦
nose	leather	to read a book	books	deeply ingrained	hard-working
bùzi ——	pùzi	duìhuàn ——	tuìhuàn	tóu//gǎo ——	tóukǎo
步子	铺子	兑换	退换	投稿	投考
step	shop	to exchange	to replace (a purchase)	to submit a piece of writing for publication	to sign up for an exam

二、声调 Tones

ˉ ˉ 发烧	ˉ ˊ 欢迎	ˉ ˇ 机场	ˉ ˋ 干净	ˉ ˚ 舒服
ˊ ˉ 昨天	ˊ ˊ 留学	ˊ ˇ 结果	ˊ ˋ 熬夜	ˊ ˚ 觉得
ˇ ˉ 海鲜	ˇ ˊ 饮食	ˇ ˇ 所以	ˇ ˋ 感冒	ˇ ˚ 怎么
ˋ ˉ 上班	ˋ ˊ 假条	ˋ ˇ 过敏	ˋ ˋ 化验	ˋ ˚ 大夫

三、朗读句子 Read aloud the following sentences.

Tùzi de dǔzi bǎo le, bǎole de tùzi pǎo le.
兔子 的 肚子 饱 了，饱了 的 兔子 跑 了。

词汇积累

<table>
<tr><th>图例</th><th>量词</th><th>食物名称</th><th>味道 wèidào</th></tr>
<tr><td></td><td>个 / 块</td><td>蛋糕
dàngāo</td><td rowspan="2">甜
tián</td></tr>
<tr><td></td><td>个 / 块</td><td>西瓜
xīguā</td></tr>
<tr><td></td><td>个 / 片</td><td>柠檬
níngméng</td><td rowspan="2">酸
suān</td></tr>
<tr><td></td><td>瓶</td><td>醋
cù</td></tr>
</table>

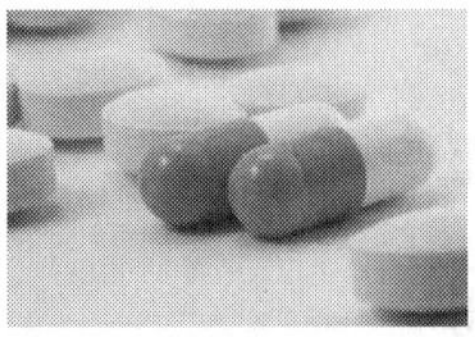	片 / 粒 / 瓶 / 盒 lì hé	西药	苦 kǔ
	副 / 盒 / 瓶 fù	中药	
	个 / 根 gēn	辣椒 làjiāo	辣 là
	袋 dài	食盐 shíyán	咸 xián

汉字认知

病字旁（疒）的汉字　Characters with the Radical “疒”

下面几个汉字的部首是“疒”，读作“病字旁”：

The following characters have “疒” as the radical, which is pronounced as bìngzìpáng（病字旁）.

	病	疼	痒

病字旁的汉字最早的意思都和身体不舒服有关系。

Characters with the radical “疒” were illness-related in meaning originally.

交际任务

去学校医院或附近的医院走一走，看看医院里有些什么科。至少了解三个科室，问问这些科室可以看哪些常见病，填在下面的表里。下次课汇报。

Visit a hospital on or around your campus and find out what departments it has. Get information about at least 3 departments and what common deseases are treated there. Fill in the following form and report your findings to the class next time.

科室名称	可以看的常见病
例：内科	感冒

文化阅读

中医与中药

中医是指中国的传统医学，它通过"望、闻、问、切"四种方法给病人看病。"望"指看病人的脸色等；"闻"指听病人的呼吸声；"问"指询问病人的病情和饮食情况等；"切"指给病人号脉（to feel the pulse）。中医用中药、针灸（acupuncture and moxibustion）、按摩（to massage）、拔罐（cupping）、食疗等多种治疗（treatment, remedy）方法，给病人治病。

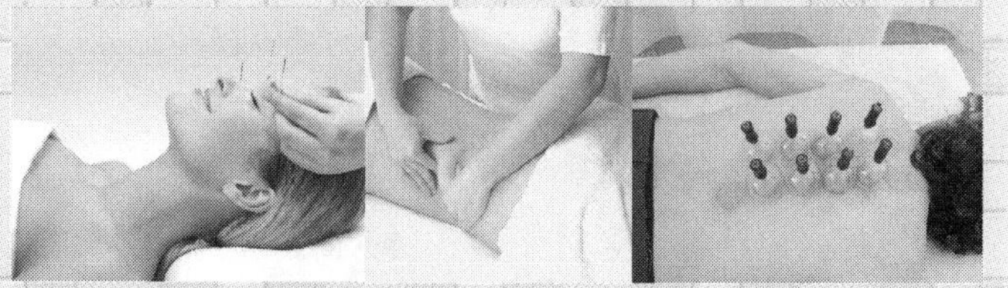

中药也有着几千年的历史，以植物为主，所以在中国古书中又叫作"本草"。最早的一部中药学书是汉代（the Han Dynasty）的《神农本草经》；唐代的《新修本草》是世界上最早的由政府出版的药典；明代李时珍的《本草纲目》，总结了十六

世纪以前的药物经验，对以后药物学的发展做出了非常大的贡献。今天，人们治病和养生（to keep in good health）还普遍（widely）使用中药。

判断正误：

1. 中医看病时用“望、闻、问、切”四种方法。（　）
2. “望”是指询问病人的病情。（　）
3. 中药有几千年的历史了。（　）
4. 今天人们治病已经很少使用中药了。（　）

学习后记

词语	语言点

第二单元（第5–8课）语法小结

课号	语法	页码	例句	我的句子
第5课	动作的进行 ——“在”、“正”、“正在”	78	你在做什么呢？	
			我们正上课呢。	
			我们正在包饺子。	
	情态补语	79	他写得很好。	
			他说汉语说得很好。	
			他汉字写得很快。	
			我汉语说得不太好。	
			你书法写得好不好？	
第6课	动作的完成（1） ——语气助词“了”	94	我陪她去老舍茶馆了。	
			周末你去美术馆了没有？	
	反问句（1） ——不是……吗	96	你不是说昨天要去美术馆吗？	
第7课	能愿动词 ——“得”和“应该”	110	我一定得好好儿复习了。	
			昨天晚上应该多写几遍。	
	“就”和“才”	111	今天我很早就去教室了。	
			我马上就到教室。	
			我写一遍就会了。	
			昨天我睡得很晚，差不多两点才睡。	
			我一个小时以后才能到。	
			我写了五遍才会。	
第8课	句式总结（3） ——主谓谓语句	124	我肚子不舒服。	
			你学习怎么样？	
	句式总结（3） ——兼语句	125	老师让我们介绍自己。	
			妈妈叫我来中国。	
			我请大夫开了一张假条。	
	动作的完成（2） ——动态助词“了”	127	大夫给我开了一些药。	
			这药不错，吃了就会好。	
	“还是”和“或者”	129	你想打针还是吃药？	
			一些留学生来中国以后，因为不太习惯中国的气候和饮食，容易感冒、拉肚子或者过敏。	

9 那件比这件便宜两百块

学习提示

话　题	购物
重点词	款　打折　……是……，就是……　还是　更 不如　这么
重点句	1. 那件花的比这件紫的便宜两百块。 2. 我觉得那件没有这件漂亮。 3. 这件紫的漂亮是漂亮，就是太贵了。 4. 还是这件更好。 5. 我们那儿旗袍的颜色和样子都没有北京的多。
语　法	比较的表达
语音练习	uo-ou
词汇积累	颜色与形状
汉字认知	双耳旁（阝）的汉字
文化阅读	旗袍

热身活动

想一想 说一说

你知道图片上的特产都是哪个国家的吗？你们国家有什么特产？

Do you know which countries do the special local products in the following pictures come from? What special local products do your home country have?

瓷器 cíqì

茶 chá

丝绸 sīchóu

茅台酒 Máotái Jiǔ

香水 xiāngshuǐ

黑啤 hēipí

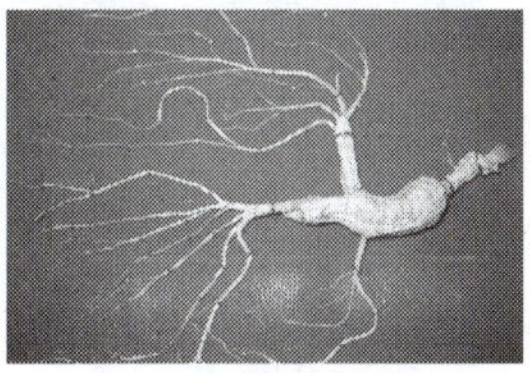

人参 rénshēn

清酒 qīngjiǔ

课堂学习

课文一

听一听 09-1

听前问题：安娜给妈妈买了一件什么礼物？

（欧阳兰陪安娜给她妈妈买旗袍。）

售货员：欢迎光临！你们想买什么？

安　娜：我们看看旗袍。

欧阳兰：你妈妈喜欢什么颜色？

安　娜：她最喜欢紫色。

欧阳兰：安娜，你觉得这件紫色的旗袍怎么样？

安　娜：挺漂亮的。小姐，这件旗袍多少钱？

售货员：八百九十九。

安　娜：能优惠一点儿吗？

售货员：对不起。这是今年的新款，不打折，不过可以送您一条真丝手帕。

欧阳兰：那件花的多少钱？

售货员：那件花的比这件紫的便宜两百块。

安　娜：你觉得哪件好？

欧阳兰：我觉得那件没有这件漂亮。

安　娜：这件紫的漂亮是漂亮，就是太贵了。

欧阳兰：可是你妈妈最喜欢紫色呀！

安　娜：你说的对，还是这件更好。

练一练

1. 读课文　Read the text.

2. 根据课文内容提问并回答　Ask and answer questions based on the text.

例：安娜的妈妈最喜欢什么颜色？

3. 分角色表演　Role play.

4. 两人一组，模仿课文，表演买一件东西

Work in pairs. Play the roles of a shop assistant and a customer following the text.

A	B
你们想买什么？ 你觉得……	……是……，就是…… 优惠 比 更 还是

词语一

读一读　写一写 09-2

序号	词语	拼音	词性	英文释义	搭配
1	售货员	shòuhuòyuán	名词	salesclerk, shop assistant	
2	光临	guānglín	动词	to make one's presence, to come	欢迎光临
3	旗袍	qípáo	名词	cheongsam	一件旗袍　买旗袍
4	紫色	zǐsè		purple (color)	紫色旗袍　喜欢紫色
5	优惠	yōuhuì	形容词	preferential	很优惠　优惠一点儿
6	款	kuǎn	量词	(*a measure word for clothes and other things*) kind, type	这款旗袍　这款手机
			名词	style, design	新款旗袍　旧款大衣
7	打折	dǎ//zhé	动词	to give a discount	打八折　不打折
8	条	tiáo	量词	*a measure word for long and thin things*	一条裙子　一条河
9	真丝	zhēnsī	名词	silk	真丝旗袍
10	手帕	shǒupà	名词	handkerchief	一条手帕　一块手帕 真丝手帕
11	花	huā	形容词	flowery	花旗袍　花手帕
12	比	bǐ	介词	than	
13	……是……，就是……	……shì……，jiùshì……		... however, ...	
14	还是	háishi	副词	*used in a question to express selection among several choices*	
15	更	gèng	副词	(of degree or quantity) more	更好　更漂亮

重 点 词 一

学一学

款

（1）服务员，我看一下这款手表。

（2）A：请问，这款手机可以上网吗？

B：可以。

【M】

（3）这是今年的新款，很漂亮。

（4）老款打折，新款不打折。

【N】

打折

（1）咱们去买衣服吧！现在正在打折。

（2）这是今年的新款，不打折。

（3）A：这款手表打几折？

B：可以打八折。

……是……，就是……

（1）A：这件旗袍怎么样？

B：好是好，就是太贵了。

（2）A：这儿的烤鸭真便宜！

B：便宜是便宜，可是不太好吃。

（3）这儿的生活紧张是紧张，但是很有意思。

> ➤ 表示让步。后一分句“就是”也可以换用“不过、可是、但是”等。
> The structure means to make a concession. “不过”, “可是” or “但是” etc. can also be used in place of “就是” in the second clause.

还是

（1）A：你觉得哪件比较好？

B：还是红的更好。

（2）A：咱们去饭馆吃饭怎么样？

B：还是自己在家做吧。

（3）A：明天咱们去公园还是去看电影？

B：明天天气很好，咱们还是去公园吧。

> ➤ “还是”表示经过比较、考虑之后的选择，被选择的一项一般放在“还是”之后。
> “还是” means the choice is made after comparison or consideration. The chosen item is usually placed after “还是”.

更

（1）妈妈喜欢我，不过更喜欢我妹妹。

（2）这件衣服很漂亮，那件衣服更漂亮。

（3）你更喜欢吃西餐还是中餐？

> ➤ “更”表示在原来已经很高的程度上又进了一步。
> “更” indicates a further degree.

练一练

用所给词语填空　Fill in the blanks with the given words.

款　打折　……是……，就是……　还是　更

（1）最近很多手机在__________，咱们去看看吧。

（2）学习汉语以后，我__________喜欢中国文化了。

（3）A：你想买哪种颜色的，红的还是黑的？

B：我__________觉得黑的更好。

（4）A：法国菜好吃吗？

B：好吃__________好吃，__________太贵了。

（5）请看看这件，这是今年的新__________。

课　文　二

听一听 09-3

听前问题：中国有哪些特产？

欧阳兰告诉我西单商场有些东西在换季降价，价格比平时便宜得多。上周六，她陪我去给家人买礼物。我买了一些中国的特产，如茶叶、丝绸什么的。俄罗斯也有卖这些东西的商店，不过价格比中国高得多。在中国，一盒茶叶一百多块钱，在我们国家要三百多块，还不如中国的新鲜。我妈妈很喜欢瓷器，不过瓷器不好带，所以我给她买了件旗袍。我们那儿旗袍的颜色和样子都没有北京的多，也没有北京的这么好看。我想妈妈一定会非常喜欢。

练一练

1. 读课文　Read the text.

2. 根据课文内容提问并回答　Ask and answer questions based on the text.

例："我"为什么没给妈妈买瓷器？

3. 根据课文内容填空，然后复述课文　Fill in the blanks based on the text and then retell the text.

上周六，我去给家人买礼物。我买了____________，如____________、____________等。俄罗斯也____________，不过____________。中国的茶叶比我们那儿

___________。我妈妈喜欢___________，不过___________，所以，我___________。北京的旗袍___________，我想妈妈一定很喜欢。

4. 用下列提示词介绍你自己一次买东西的经历

Use the following words to talk about one of your shopping experiences.

换季　打折　特产　价格　带

词　语　二

读一读　写一写　09-4

序号	词语	拼音	词性	英文释义	搭配
1	商场	shāngchǎng	名词	department store, shopping mall	逛商场　去商场买东西
2	换季	huàn//jì	动词	to change garments with the season	
3	降价	jiàng//jià	动词	to be on sale	换季降价
4	价格	jiàgé	名词	price	价格便宜　价格贵
5	周六	zhōuliù	名词	Saturday	上周六　这个周六
6	特产	tèchǎn	名词	special local product	北京特产　买特产
7	如	rú	动词	to give an example	
8	茶叶	cháyè	名词	tea	买茶叶
9	丝绸	sīchóu	名词	silk	买丝绸
10	卖	mài	动词	to sell	卖东西　卖茶叶
11	盒	hé	量词	*a measure word for boxes*	一盒茶叶
12	国家	guójiā	名词	country, nation	
13	不如	bùrú	动词	not to be equal to	
14	新鲜	xīnxiān	形容词	fresh	新鲜茶叶　不太新鲜
15	瓷器	cíqì	名词	porcelain, chinaware	中国的瓷器
16	样子	yàngzi	名词	appearance	样子很好看
17	这么	zhème	代词	so	这么漂亮　这么写

专有名词

专名	拼音	英文释义	图例
西单商场	Xīdān Shāngchǎng	Xidan Department Store	

重点词二

学一学

不如　（1）他说汉语说得很好，我不如他。

（2）姐姐不如妹妹漂亮。

（3）我不如他喜欢音乐。

（4）我不如他跑得快。

> A 不如 B
>
> A 不如 B + Adj
>
> A 不如 B + V + 其他成分 (other components)
>
> ➤ 表示比不上。
> It means not as good as.

> 注意　Note：
> ➤ “不如”表示比较，比较的结果一定是积极意义的，或者说话人认为是积极意义的。
> “不如” indicates comparison. The adjectives after “不如” are usually postive in meaning, or considered positive in meaning by the speaker.

这么　（1）我不知道她汉字写得这么漂亮。

（2）我们国家旗袍的样子没有中国这么多。

（3）烤鸭应该这么吃。

（4）这个汉字应该这么写。

> 这么 + Adj / V
> ➤ “这么”表示程度、方式等，和“那么”相对。
> “这么”, in contrast with “那么”, refers to degree or manner.

练一练

用所给词语填空　Fill in the blanks with the given words.

不如　这么

（1）我觉得西餐__________中餐好吃。

（2）昨天没有今天__________冷。

（3）A：你觉得他的汉字写得怎么样？

　　B：非常好，我__________他。

（4）原来“不如”这个词应该__________用。

语法一

学一学

比较的表达 Expressing Comparisons

（一）比较的表达——“……和 / 跟……一样”

Expressing comparisons—“……和 / 跟……一样”

1. A + 和 / 跟 + B + 一样

（1）安娜的手机和爱子的一样。

（2）我的书跟你的一样。

（3）A：金大成是韩国人，你呢？

B：我和金大成一样，也是韩国人。

> ➤“A 和 / 跟 B……一样”表示比较的结果相同。
> “A 和 / 跟 B……一样” indicates A is the same as B in comparison.

主语（S）	谓语（P）		
A	和 / 跟	B	一样
我	和	他	一样。
我的书	跟	他的	一样。

2. A + 和 / 跟 + B + 不一样

（1）北京的天气和上海不一样。

（2）我的爱好跟你的不一样。

（3）A：我喜欢吃中餐，你呢？

B：我跟你不一样，我喜欢吃西餐。

> ➤“A 和 / 跟 B……不一样”表示比较的结果不同。
> “A 和 / 跟 B……不一样” indicates A and B are different in comparison.

主语（S）	谓语（P）		
A	和 / 跟	B	不一样
北京的天气	和	上海	不一样。
我的爱好	跟	你的	不一样。

3. A + 和 / 跟 + B + 一样 + Adj / VO

（1）她和妈妈一样高。

（2）我跟杰克一样喜欢吃中餐。

（3）A：我特别喜欢音乐，你呢？

B：我和你一样喜欢音乐。

主语（S）	谓语（P）			
A	和 / 跟	B	一样	Adj / VO
我	和	妈妈	一样	高。
我	跟	你	一样	喜欢音乐。

（二）比较的表达——“比”字句

Expressing Comparisons — Sentences with “比”

1. A + 比 + B + Adj / V（O）（V 表心理）

（1）他比我高。

（2）这件衣服比那件贵。

（3）我比他喜欢音乐。

> ➤ 比较两个事物之间的差别时用“比”字句。
> Sentences with “比” are used to compare the difference between two things.

主语（S）	谓语（P）		
A	比	B	Adj / V（O）
他	比	我	高。
我	比	他	喜欢音乐。

2. A + 比 + B + Adj + 得多 / 一点儿 / 数量短语

（1）他比我高得多。

（2）公共汽车比自行车快一点儿。

（3）这件衣服比那件贵一百块钱。

> ➤ 形容词后使用“得多”、“一点儿”或带数量短语表示程度的差别。
> “得多” or “一点儿” is used after an adjective or followed by a quantitative phrase to indicate difference in degree.

3. A + 比 + B + V + 得 + Adj

（1）她比我说得好。

（2）你比我跑得快。

（3）他比我考得好。

> ➤ 也可以说“他说得比我好”。
> Another pattern is “他说得比我好”.

4. A + 比 + B + 还 / 还要 / 更 + Adj / V（O）（V 表心理）

（1）（我爸爸很高，）我比他还高。

（2）（那件衣服很贵，）这件比那件还要贵。

（3）（他喜欢音乐，）我比他更喜欢音乐。

> ➤ “还”、“还要”和“更”表示在程度上更进一层。
> “还”, “还要” and “更” indicate a further degree.

5. A + 没有 + B（+ 这么 / 那么）+ Adj / V（O）（V 表心理）

（1）今天没有昨天冷。

（2）我考得没有你好。

（3）我没有他那么高。

（4）你没有我这么喜欢音乐。

否定形式　Negative form: A 没有 B……

➤ 形容词前可以加“这么”或“那么”。说话人离 B 近，用“这么”；说话人离 B 远，用“那么”。

“这么” or “那么” can be used before an adjective. If the speaker is close to B, “这么” is used. Otherwise, “那么” is used.

练一练

1. 给括号中的词选择适当的位置

Put the following words in the parentheses in the right positions.

（1）我 A 你 B 一样 C 喜欢 D 旅行。（跟）

（2）爱子 A 汉字 B 写得 C 比我 D 快。（更）

（3）金大成 A 比杰克 B 跑得 C 快得 D。（多）

（4）我 A 没有你 B 喜欢 C 喝咖啡 D。（那么）

（5）我的宿舍 A 你的宿舍 B 那么 C 舒服 D。（没有）

2. 根据给出的情景和句型说句子，然后写下来

Make sentences according to the given situations and sentence patterns, and then write them down.

这本词典三十六块钱。 那本词典也是三十六块钱。 A + 和 / 跟 + B + 一样（+ Adj）	（1）__________。 __________。
我喜欢踢足球。 金大成也喜欢踢足球。 A + 和 / 跟 + B + 一样 + VO	（2）__________。 __________。
杰克一米八五。 爱子一米六。 A + 和 / 跟 + B + 不一样 + Adj A + 比 + B + Adj + 得多	（3）__________。 __________。
我今年二十五岁。 他今年二十岁。 A + 比 + B + Adj + 数量短语	（4）__________。 __________。

我考了 95 分。
他考了 80 分。
A + 比 + B + V + 得 + Adj
B + 没有 + A + V + 得 + Adj

（5）____。
____。

我喜欢汉语。
她特别喜欢汉语。
A + 比 + B + 更 + VO
B + 没有 + A + 那么 + VO

（6）____。
____。

3. 两人一组，根据图片说句子，然后写下来

Work in pairs to make sentences based on the following pictures Then write them down.

弟弟 150cm　姐姐 150cm

（1）______________________________
____

旗袍　红色 990 元　　绿色 890 元

（2）______________________________
____

苹果 8 元 / 斤　樱桃（yīngtao）28 元 / 斤

（3）______________________________
____

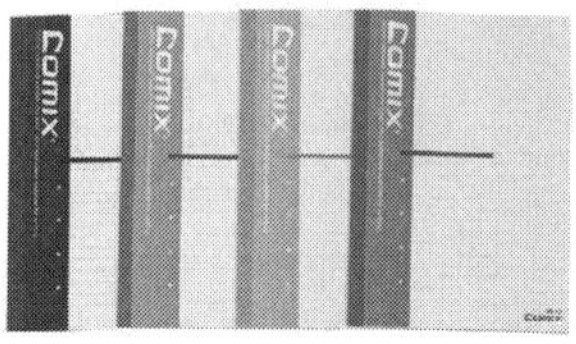

本子 3.2 元 / 个　　词典 95 元 / 本

（4）______________________________
____

他一米八五　她一米七

（5）______________________________
____

这座（zuò）楼（lóu）150 米　　那座楼 152 米

（6）______________________________
____

实践活动

语音练习

练习语音：uo-ou

09-5

一、辨音　Sound discrimination

kǒuyǔ ——	guóyǔ	gǒuqǐ ——	guóqǐ	búguò ——	bú gòu
口语	国语	枸杞	国企	不过	不 够
spoken language	Chinese language	wolfberry	state-owned enterprise	but, however	not enough
lòu shuǐ ——	luò//shuǐ	tuōchē ——	tōu chē	huòchē ——	hòu chē
漏 水	落水	拖车	偷 车	货车	候 车
to leak	to fall into water	trailer	to steal a car	freight train or wagon	to wait for a bus or train, etc.

二、声调　Tones

ˉ ˉ 真丝	ˉ ˊ 光临	ˉ ˇ 商场	ˉ ˋ 优惠	ˉ ° 东西
ˊ ˉ 国家	ˊ ˊ 旗袍	ˊ ˇ 游泳	ˊ ˋ 茶叶	ˊ ° 觉得
ˇ ˉ 手机	ˇ ˊ 打折	ˇ ˇ 手表	ˇ ˋ 紫色	ˇ ° 紫的
ˋ ˉ 汽车	ˋ ˊ 价格	ˋ ˇ 特产	ˋ ˋ 换季	ˋ ° 这么

三、朗读句子　Read aloud the following sentences.

Xiǎohóu hé xiǎogǒu, xiǎogǒu hé xiǎohóu,
小猴　和　小狗，　小狗　和　小猴，
xiǎogǒu qǐng xiǎohóu chī ròu,
小狗　请　小猴　吃 肉，
xiǎohóu qǐng xiǎogǒu chī ǒu.
小猴　请　小狗　吃 藕。

词汇积累

大小	大		中		小	
颜色	红 hóng		黄 huáng		蓝 lán	
	绿 lǜ		紫 zǐ		咖啡 kāfēi	
	黑 hēi		白 bái		灰 huī	
形状 xíng-zhuàng	正方 zhèng-fāng		长方 cháng-fāng	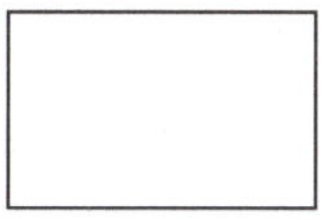	菱形 líng-xíng	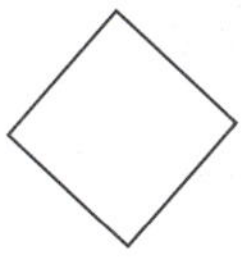
	圆 yuán	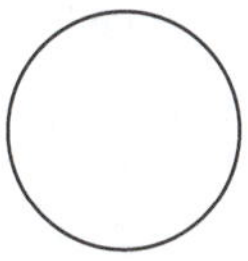	椭圆 tuǒyuán	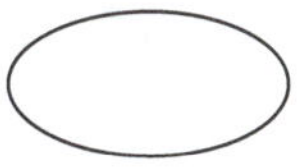	三角 sānjiǎo	

汉字认知

双耳旁（阝）的汉字　Characters with the Radical "阝"

下面几个汉字的部首是"阝"，读作"双耳旁"：

The following characters have "阝" as the radical, which is pronounced as shuāng'ěrpáng（双耳旁）.

	降	陪	附
	都	邮	

双耳旁可以出现在汉字左侧，也可以出现在汉字右侧。出现在左侧的字一般和山坡、地势有关系；出现在右侧的字一般和城市、区域有关系。

The radical "阝" can either be the right or left component of a character. If used on the left side, the meaning of the character is usually related to a mountain slope and the physical features of a place; If used on the right, the meaning of the character is usually related to a city or an area.

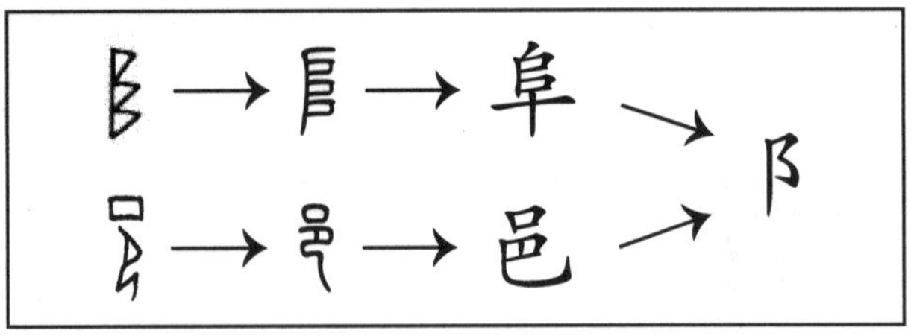

交际任务

到附近超市里转一转，看看超市里的东西哪些比你们国家的贵或便宜，价钱差多少。按照下面的表格列出来，并用表示比较的句式进行介绍。

Shop in a nearby supermarket and compare the prices with those in your country. List the differences in prices in the following form and talk about them using comparative sentences.

商品	中国的价格	你们国家的价格

文化阅读

旗　袍

旗袍原来是满族（Manchu ethnic group）人的服装，因为满族人也叫"旗人"，所以他们穿的长袍就叫"旗袍"。到了清代，旗袍开始专门指满族妇女平时穿的长袍。

清代的旗袍比较大，线条（line）平直，长到脚上，一般是用绸缎（silk and satin）做的，上面绣花（to embroider）。

1911 年以后，汉族女性也开始穿旗袍。最早是上海的一些女学生，她们穿的旗袍是用蓝布做的。

20 年代，因为受欧美服装的影响，旗袍的样子有了变化。袖口（cuff of a sleeve）和腰部（waist）小了，旗袍也变短了，这样看起来更漂亮。

30 年代，旗袍成为最流行的服装。这一时期旗袍的变化非常大。衣领（collar）从高到低，袖子从长到短，旗袍的长度也不一样，差不多每年都出现新的式样。

现代妇女平时已经很少穿旗袍了，但在一些重要的场合，旗袍还是女性喜欢选择的服装。

选择正确答案：

1. 下面哪个不是清代旗袍的特点？（　　）
   A. 是蓝布做的　　B. 线条平直　　C. 有绣花
2. 汉族妇女穿旗袍是从什么时候开始的？（　　）
   A. 清朝　　B. 1911 年　　C. 30 年代
3. 旗袍样子变化最大的时期是：（　　）
   A. 1911 年　　B. 20 年代　　C. 30 年代
4. 现代妇女在什么样的情况下可能穿旗袍？（　　）
   A. 上班　　B. 外出旅行　　C. 参加晚会

学习后记

词语	语言点

10 我每周六学一个小时武术

学习提示

话　题	周末生活
重点词	迟到　看来　工作　怎么说呢　记得 不同　年轻　参加　场　希望
重点句	1. 我原来也常睡懒觉。 2. 看来你工作很忙。 3. 我每周六学一个小时武术。 4. 你学武术学了多长时间了？ 5. 不同年龄的人有不同的特点。
语　法	1. 时量补语 2. 离合词
语音练习	轻声
词汇积累	体育与文艺
汉字认知	足字旁（⻊）的汉字；走之旁（⻌）的汉字
文化阅读	中国武术

热身活动

想一想　说一说

说说下面的人怎么过周末。你一般怎么过周末？

Talk about how people in the following pictures spend their weekends? What do you usually do on weekends?

看电视 kàn diànshì

睡觉 shuìjiào

踢球 tī qiú

跳舞 tiào//wǔ

家人团聚 jiārén tuánjù

朋友聚会 péngyou jùhuì

逛街 guàng jiē

加班 jiā//bān

课堂学习

课文一

听一听 10-1

听前问题：杰克和李伟在聊什么？

（星期六上午，李伟约杰克在咖啡厅聊天儿。）

杰　克：不好意思，迟到了，睡了个懒觉。等我好长时间了吧？

李　伟：没有，就等了一会儿。我原来也常睡懒觉，不过现在周末常加班。

杰　克：看来你工作很忙。中国人一般怎么过周末？

李　伟：怎么说呢？有的在家里打扫打扫房间、上上网、看看电视，有的出去逛逛公园、买买东西。我喜欢看看书、跑跑步。你们留学生呢？

杰　克：周五晚上我们常出去玩儿，唱一会儿歌、跳一会儿舞。

李　伟：周六、周日呢？

杰　克：有的出去玩儿，有的在宿舍学习汉语。

李　伟：你呢？

杰　克：我每周六学一个小时武术，每周日做两个小时家教。

李　伟：你也挺忙的。你学武术学了多长时间了？

杰　克：两年多了。我记得你也会武术，一会儿陪我练练。

李　伟：没问题！

练一练

1. 读课文　Read the text.

2. 根据课文内容提问并回答　Ask and answer questions based on the text.

例：李伟常睡懒觉吗？

3. 分角色表演　Role play.

4. 两人一组，模仿课文，谈一谈你们的周末生活
   Work in pairs to talk about your weekends following the text.

A	B
不好意思，迟到了。等我…… 你一般怎么过周末？ 看来…… 周五晚上……，周六……，周日……	没有，…… 怎么说呢？…… 你呢？ 看来……

词语一

读一读　写一写 10-2

序号	词语	拼音	词性	英文释义	搭配
1	迟到	chídào	动词	to be late	上课迟到　上班迟到
2	懒	lǎn	形容词	lazy	睡懒觉　比较懒

3	加班	jiā//bān	动词	to work overtime	常加班　加一天的班
4	看来	kànlái		it seems that	看来你很忙
5	工作	gōngzuò	动词	to work	在学校工作
			名词	job	工作很忙　没有工作
6	怎么说呢	zěnme shuō ne		how to say that	
7	打扫	dǎsǎo	动词	to clean, to sweep	打扫打扫　打扫房间
8	公园	gōngyuán	名词	park	逛公园　去公园
9	跑步	pǎo//bù	动词	to run, to jog	跑一会儿步　跑跑步
10	跳舞	tiào//wǔ	动词	to dance	跳一会儿舞　跳跳舞
11	周日	zhōurì	名词	Sunday	上周日　这个周日
12	武术	wǔshù	名词	martial arts	学武术　练习武术
13	家教	jiājiào	名词	home tutor	做家教
14	记得	jìde	动词	to remember	还记得　不记得

重点词一

学一学

迟到　（1）A：不好意思，我又迟到了。

B：没关系，我也刚到。

（2）他家住得很远，所以上班总是迟到。

（3）今天谁迟到了？

看来　（1）现在已经八点了，看来他不会来了。

（2）A：我周末也爱睡懒觉，不过现在总加班。

B：看来你现在很忙。

（3）A：爱子每天都给爸爸妈妈打电话。

B：看来她很想家。

> 表示根据已经知道的情况做出判断或估计，多用在句子开头。
> It is usually used at the beginning of a sentence to make a judgement or estimation based on what one already knows.

工作　（1）我爸爸妈妈都在学校工作。

（2）你喜欢在什么地方工作？

【V】

（3）A：最近你工作忙不忙？

B：最近比较忙，总是加班。

（4）以后你想做什么工作？

【N】

怎么说呢

（1）A：中国人一般怎么过周末？

B：怎么说呢？不太一样。有的人喜欢在家休息，有的人喜欢出去玩儿。

（2）A：你觉得这件衣服怎么样？

B：怎么说呢？还不错，但是有点儿贵，再看看吧。

（3）A：学游泳难不难？

B：怎么说呢？我觉得挺难的。

➤ 一般放在一段话的开头，表示不容易用一句话来说明或者解释，后面是说明和解释的具体内容。
It is usually used at the beginning of a paragraph to indicate it cannot be explained or clarified easily by a simple sentence and details are provided in the following sentences.

记得 （1）我记得你喜欢睡懒觉。

（2）A：你记得他叫什么名字吗？

B：不记得了。

（3）你还记得小时候的事情吗？

练一练

用所给词语填空　Fill in the blanks with the given words.

迟到　看来　工作　怎么说呢　记得

（1）明天早上十点去美术馆，大家别__________！

（2）A：我昨天晚上十二点才到家。

B：__________你很忙。

（3）A：你觉得小王这人怎么样？

B：__________？还不错。

（4）A：你妈妈做什么__________？

B：她在医院__________。

（5）A：我__________你喜欢吃宫保鸡丁。

B：没错儿！

课　文　二

听一听 10-3

听前问题：中国人的周末生活怎么样？

星期六，我和李伟见了一面，聊了聊中国人怎么过周末。中国人的周末生活很丰富，不同年龄的人有不同的特点。

年轻的大学生们比较喜欢出去玩儿。去参加同学聚会、陪女朋友逛逛街、去踢场球，或者去郊区玩儿两天。已经参加工作的人平时比较忙，周末希望休息休息，睡个好觉，看一会儿电视什么的。不过，有的人还要带孩子出去玩儿。老人呢，他们经常买很多好吃的东西，等孩子回家团圆。

这是我知道的中国人的周末生活，你们国家呢？

练一练

1. 读课文　Read the text.

2. 根据课文内容提问并回答　Ask and answer questions based on the text.

例：大学生们的周末生活有什么特点？

3. 根据课文内容填表，然后复述课文　Fill in the form based on the text and then retell the text.

中国人的周末生活	
年轻的大学生们	
已经参加工作的人	
老人	

4. 用下列提示词介绍一下你们国家人们的周末生活

Use the following words to introduce how people in your country spend their weekends.

丰富　不同　年龄　特点　大学生　工作　老人

词　语　二

读一读　写一写 10-4

序号	词语	拼音	词性	英文释义	搭配
1	丰富	fēngfù	形容词	rich, plentiful	很丰富　比较丰富

2	不同	bù tóng		different, distinct	不同国家　爱好不同
3	年龄	niánlíng	名词	age	不同年龄的人
4	特点	tèdiǎn	名词	characteristic	不同的特点　有特点
5	年轻	niánqīng	形容词	young	年轻人　很年轻
6	大学生	dàxuéshēng	名词	college or university student	年轻的大学生们
7	参加	cānjiā	动词	to participate, to take part in	参加比赛　参加工作
8	聚会	jùhuì	名词	party	参加聚会　生日聚会
9	女	nǚ	形容词	female	女同学　女老师 女朋友
10	街	jiē	名词	street	逛街　大街
11	场	chǎng	量词	*a measure word for sports or recreation*	一场比赛　一场电影 踢场球
12	郊区	jiāoqū	名词	suburban district	去郊区　在郊区住
13	希望	xīwàng	动词	to aspire, to hope	希望休息休息
			名词	hope, wish	有希望　没希望 希望很大　希望不大
14	孩子	háizi	名词	child	
15	老人	lǎorén	名词	old people	
16	团圆	tuányuán	动词	to reunite	回家团圆　一家团圆

重点词二

学一学

不同　（1）不同国家有不同的习惯。　不同（的）+N

（2）中国人的周末生活很丰富，不同年龄的人有不同的特点。

（3）我们国家的时间跟中国不同。　……不同

（4）我们的爱好不同。

年轻　（1）我年轻的时候身体特别好。
（2）A：年轻人周末都喜欢做什么？
B：他们喜欢出去玩儿。
（3）我老了，不过我的心很年轻。

参加　（1）A：周末你常做什么？
B：我常常去参加同学聚会。
（2）明天我要去参加一个汉语比赛。
（3）你参加学生会（xuéshēnghuì Student Union）了吗？

场　（1）那场足球比赛很精彩。
（2）A：这个周末你打算做什么？
B：我打算去踢场球。
（3）A：咱们去看场电影吧。
B：我昨天刚看了一场。

希望　（1）已经参加工作的人平时比较忙，周末希望休息休息。【V】
（2）真希望明天不上课！
（3）孩子是我们的希望。【N】
（4）A：老师，这次考试我能及格吗？
B：很有希望。

练一练

用所给词语填空　Fill in the blanks with the given words.

不同　年轻　参加　场　希望

（1）明天有考试，＿＿＿＿＿大家好好儿复习。
（2）A：我一会儿要去踢＿＿＿＿＿球。
B：你的生活真丰富！
（3）A：我妈妈＿＿＿＿＿的时候特别漂亮。
B：她现在也很漂亮。
（4）A：今天晚上的聚会你＿＿＿＿＿吗？
B：不好意思，我有点儿事儿。
（5）我们班每个同学都有＿＿＿＿＿的特点。

语 法 一

学一学

时量补语 Complements of Duration

常用时量表达				
年	半年	一年	两年半	三年多
月	半个月	一个月	两个半月	三个多月
星期	半个星期	一个星期	两个半星期	三个多星期
天	半天	一天	两天半	三天多
小时	半个小时	一个小时	两个半小时	三个多小时

1. V + 时量补语　V + Complements of Duration

（1）咱们休息十分钟。

（2）A：你昨天预习了多长时间？

　　B：预习了半个多小时。

（3）我打算在中国学四年。

主语（S）	谓语（P）	
	V	时量补语
咱们	休息	十分钟。

2. V + 时量补语（+ 的）+ O(事物)　V + Complements of Duration (+ 的) + O (Something)

（1）A：你学了多长时间的汉语了？

　　B：我学了一年多的汉语了。

（2）A：你每天做多长时间作业？

　　B：我每天做一个多小时作业。

（3）我每周学一个小时武术。

主语（S）	谓语（P）			
	V	时量补语	（的）	宾语（O）
我们	学了	一年多	（的）	汉语了。

3. V + O（人称代词）+ 时量补语　V + O (Personal Pronouns) + Complements of Duration

（1）A：等我好长时间了吧？
　　B：就等了你一会儿。

（2）我找了你一上午。

（3）王老师教我们一年了。

主语（S）	谓语（P）			
	V	宾语（O）	时量补语	（了）
王老师	教	我们	一年	了。

4.（V +）O + V + 时量补语　（V +）O + V + Complements of Duration

（1）我学汉语学了一年多了。

（2）我找你找了一上午。

➤ 当动词带宾语时，也可重复动词，时量补语放在重复的动词后面。
When a verb is followed by an object, the verb can be reduplicated with a complement of duration used after the reduplicated verb.

主语（S）	谓语（P）				
	（V）	宾语（O）	V	时量补语	（了）
我	（学）	汉语	学了	两年多	了。

注意　Note：
（1）他学了两年多的武术了。（他现在仍然在学武术。He is still studying martial arts now.）
（2）他学了两年多的武术。（他现在可能不学武术了。He may not be studying martial arts now.）
➤ 如果句尾还有语气助词“了”，表示动作仍在进行；如果只有动态助词“了”，表示动作可能已经不再进行了。
If there is a modal particle “了” at the end of a sentence, it means that an action is still going on. If only an aspect particle “了” is used after the verb, the action may have already stopped.

练一练

1. 两人一组，做替换练习　Work in pairs to do the substitution drills

（1）A：你昨天做作业了吗？
　　B：做了。
　　A：做了多长时间？
　　B：做了一个小时。

预习生词	预习	半个多小时
复习课文	复习	一刻钟
看电视	看	一个多小时
锻炼身体	锻炼	两个小时
给妈妈打电话	打	一个晚上

（2）A：你学了多长时间（的）汉语？
　　B：我学了一年（的）汉语。

学	武术	两年多
做	作业	半个小时
预习	生词	一个小时
踢	球	两个多小时
做	家教	一学期

（3）我找他好长时间了。

等	你	一上午了
认识	她	两年多了
教	他们	半年了
再陪	你	一会儿
再等	他	一分钟

2. 根据实际情况回答下列问题　Answer the following questions based on the actual situations.

（1）来北京以前你学了多长时间的汉语？

____

（2）到现在你学了多长时间了？

____

（3）你每天学习多长时间汉语？

____

（4）你打算在中国学习多长时间？

____

3. 两人一组，根据下面的内容提问并回答

Work in pairs. Ask and answer questions based on the following schedule.

8：30 ——→ 12：30　上汉语课

例：A：昨天你上了多长时间的汉语课？
　　B：昨天我上了四个小时的汉语课。

12：30 ——→ 13：30　吃中午饭

______________________________？

______________________________。

13：30 ——→ 15：00　休息

______________________________？

______________________________。

15：00 ——→ 16：00　打扫房间

______________________________？

______________________________。

16：00 ——→ 18：00 看电影 ______________________？

______________________。

18：00 ——→ 20：00 吃晚饭 ______________________？

______________________。

20：00 ——→ 21：00 做作业 ______________________？

______________________。

21：00 ——→ 22：00 预习新课 ______________________？

______________________。

语法二

学一学

离合词 Detachable Words

学过的离合词
见面　考试　睡觉　跳舞　上网　游泳 聊天儿　加班　打针　看病　发烧

➤ 离合词一般是双音节动词，它们有词的性质，也有某些分离形式。离合词多为动宾结构，中间常插入其他成分。
Detachable words are usually disyllabic verbs which have the characteristics of a word while at the same time can be separated. Most of detachable words are of the verb-object structure with other components often inserted in between.
V＋时量补语＋O　V＋complement of duration＋O
V＋动量补语＋O　V＋complement of frequency＋O
V＋其他形式＋O　V＋other components＋O

（1）周五晚上我常常出去**跳**一会儿**舞**。
（2）明天我要去医院**看**一下**病**。
（3）A：不好意思，迟到了，**睡**了个懒**觉**。
　　B：我周末也爱**睡**懒**觉**。
（4）周末的时候我喜欢**跑跑步**、**游游泳**、**爬爬山**。
（5）我去和朋友**见面**。

➤ 重叠形式：AAB
Reduplicated form: AAB

注意　Note：
➤ 离合词后面不能直接带宾语，如：
A detachable word cannot be followed right after an object, for example:
　　见面朋友（×）

练一练

1. 找出下面句子中的离合词　Find the detachable words in the following sentences.

例：我出去跑一会儿步，一会儿就回来。　　跑步

（1）星期六我总是睡懒觉。　________

（2）晚上咱们去跳跳舞、聊聊天儿怎么样？　________

（3）昨天我加了一晚上的班，熬了一夜。　________

（4）周末的时候，我喜欢上上网、跑跑步、游游泳。　________

（5）我发高烧了，得去医院看一下病，可能还要打个针。　________

（6）今天下午咱们见个面吧。　________

2. 从下面的离合词中选择适当的填空

Choose the right detachable words to fill in the blanks.

见面　睡觉　上网　跑步　聊天儿　加班　游泳　跳舞

（1）今天我________了个大懒________。

（2）明天我想和朋友去________个________。

（3）我的工作比较累，每天下班以后都要________一两个小时的________。

（4）周末的时候我常常一个人在宿舍________一天的________，或者看电影、给家人和朋友写信什么的。

3. 两人一组，根据图片提问并回答

Work in pair. Ask and answer questions based on the pictures.

例：

A：他加了多长时间的班？

B：他加了 12 个小时的班。

A：________________？

B：________________。

A：________________________？

B：________________________。

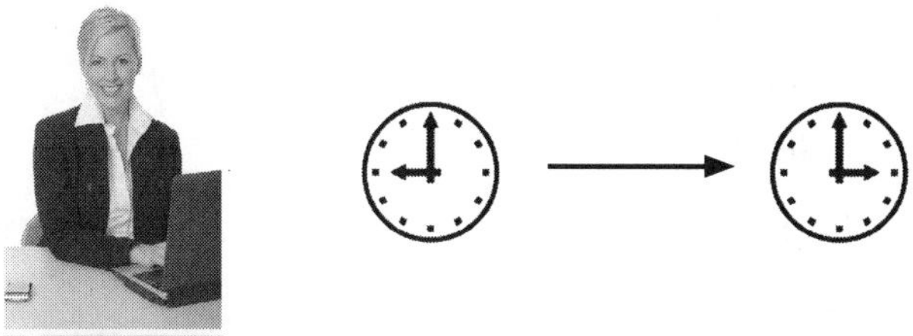

A：________________________？

B：________________________。

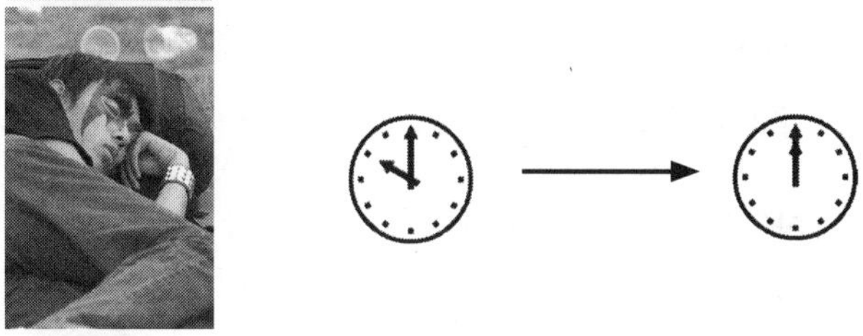

A：________________________？

B：________________________。

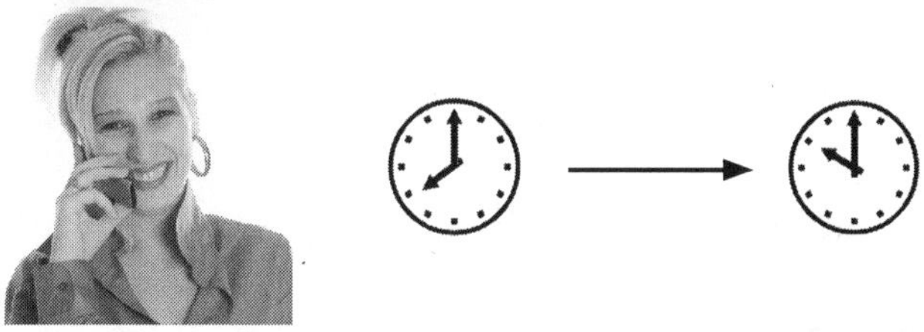

A：________________________？

B：________________________。

实践活动

语音练习

练习语音：轻声　10-5

一、辨音　Sound discrimination

dōngxī——	dōngxi	lǎozǐ ——	lǎozi
东西	东西	老子	老子
east and west	thing	Lao Zi	I, your father
dìdào ——	dìdao	duōshǎo——	duōshao
地道	地道	多少	多少
tunnel	authentic	more or less	how many, how much

二、声调 Tones

māma	yéye	jiějie	bàba
妈妈	爷爷	姐姐	爸爸
suān de	tián de	kǔ de	là de
酸 的	甜 的	苦 的	辣 的
zhuōzi	pánzi	yǐzi	kùzi
桌子	盘子	椅子	裤子
tīng yì tīng	dú yì dú	xiě yì xiě	kàn yí kàn
听 一 听	读一读	写一写	看 一 看
chàbuduō	duìbuqǐ	méi guānxi	xièxie nǐ
差不多	对不起	没 关系	谢谢 你

参加	生活	周五	丰富	出去
年轻	年龄	还有	迟到	孩子
两居	老人	打扫	武术	怎么
信封	不同	特点	聚会	记得

三、朗读句子 Read aloud the following sentences.

Qīngqīng de wǒ zǒu le, zhèngrú wǒ qīngqīng de lái;
轻轻 的 我 走 了， 正如 我 轻轻 的 来；
wǒ qīngqīng de zhāo//shǒu, zuòbié xītiān de yúncai.
我 轻轻 的 招手， 作别 西天 的 云彩。

词 汇 积 累

类型	动词	宾语	图例
体育 tǐyù	打	篮球	
	打	羽毛球 yǔmáoqiú	

体育	打	牌 pái	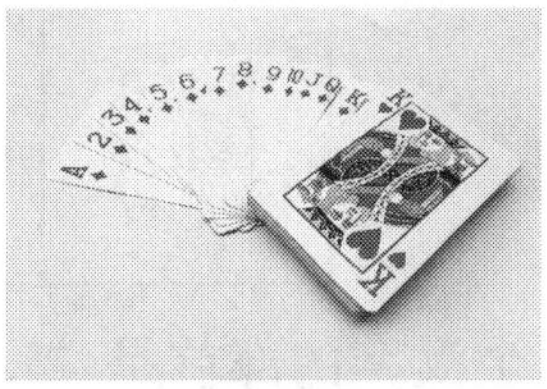
	玩儿	游戏 yóuxì	
文艺 wényì	看	电视	
	看	电影	
	看	演出 yǎnchū	
	唱 chàng	歌 gē	

汉字认知

足字旁（⻊）的汉字；走之旁（辶）的汉字

Characters with the Radical “⻊” and Characters with the Radical “辶”

下面几个汉字的部首是“⻊”，读作“足字旁”：

The following characters have “⻊” as the radical, which is pronounced as zúzìpáng（足字旁）.

	跑	跳	跟	路

下面几个汉字的部首是“辶”，读作“走之旁”：

The following characters have “辶” as the radical, which is pronounced as zǒuzhīpáng（走之旁）.

	递	迟	近	过

足字旁和走之旁的汉字都和腿、脚的动作有关系。

Characters with the radical “⻊” and “辶” are related to the actions of legs or feet.

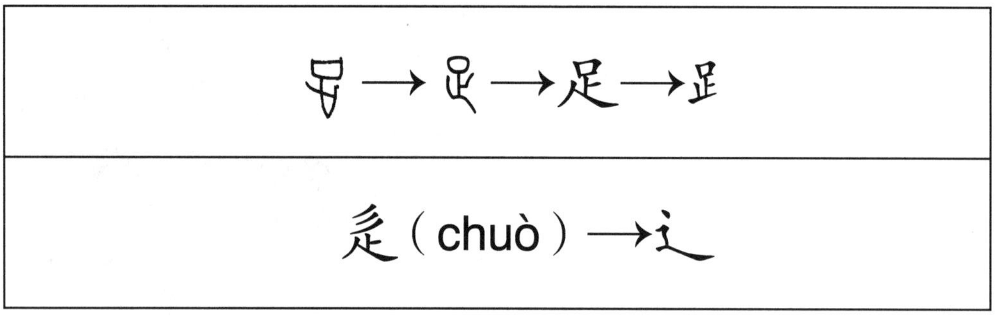

交际任务

问一问你的朋友下课以后最喜欢做什么，在上面花多长时间。要求采访五位以上，填在下面的表里。下次课汇报。

Interview five or more of your friends about what they like to do most after class and how much time they spend on it. Fill in the form and report your findings to the class next time.

爱好	时间
例：看电影	每天看两个小时电影

文化阅读

中国武术

中国武术又叫中国功夫，是几千年来人们锻炼身体和保护自己的一种方法。在动作（action）上，主要有踢、打、摔、劈（to chop）、刺（to stab, to thrust）等，也可以使用兵器（weapon），比如剑（sword）、刀、枪（spear）、棍（stick）等等。

因为地理、气候和人的影响，中国武术发展出很多不同门派（school），也出现了霍元甲、黄飞鸿、李小龙等武术家。

最近越来越多的人开始对武术感兴趣，很多外国人也想学习武术，世界各地开办了很多武术学校。

中国人更重视武术的精神（spirit），重视"武德"（martial ethics）。古书《左传》里说："止戈为武"，意思是"武"这个字由"止"和"戈"组成，"戈"是兵器，"止"是停止，所以，"武"的真正意义不是打斗，而是为了和平（peace）。

判断正误：

1. 中国武术有多种不同的动作。（　　）
2. "霍元甲"是一位武术家的名字。（　　）
3. 只有中国人喜欢武术。（　　）
4. 武术的精神是打赢别人。（　　）

学习后记

词语	语言点

11 我说汉语说得越来越好了

学习提示

话　　题	谈变化
重点词	照相　好像　刚　约会 变化　发现　越来越……　越……越……　办
重点句	1. 秋天快要到了。 2. 你好像瘦了。 3. 时间马上就要到了。 4. 现在我说汉语说得越来越好了。 5. 中国菜我越吃越爱吃。
语　　法	1. 变化的表达——语气助词“了” 2. 动作即将发生——“要……了”、“快……了”、“快要……了”、“就要……了”
语音练习	儿化
词汇积累	季节及特点
汉字认知	火字旁（火）的汉字；四点底（灬）的汉字
文化阅读	中国的市制单位

热身活动

想一想 说一说

下面的几个人有什么变化？来中国以后你有哪些变化？

Talk about the changes of the following people. What changes have you made after you came to China?

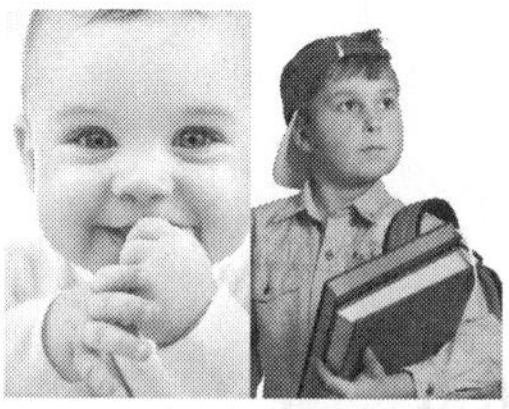

大 dà

老 lǎo

瘦 shòu

漂亮 piàoliang

课堂学习

课文一

听一听 11-1

听前问题：爱子和安娜在谈什么？

（下课以后，安娜和爱子聊天儿。）

爱　子：安娜，今天天气不错，我们去外边走走吧。

安　娜：好啊，秋天快要到了，校园里风景很美。我带照相机了，我们去照相吧。

（安娜和爱子看照片。）

爱　子：你看，我给你照的这张照片漂亮吧？

安　娜：你的这张也很好看。相机里还有咱们以前的合影呢！我比以前胖了，你好像瘦了。

爱　子：我对这儿的生活不太习惯，特别是不喜欢吃中国菜。我觉得有的中国菜很油腻，有的菜太辣了。

安　娜：现在习惯了吗？

爱　子：比刚来的时候好点儿了。
安　娜：爱子，现在几点了？
爱　子：快六点了。你有约会？
安　娜：对，今天晚上六点半我要跟朋友去吃饭，一起去吧。
爱　子：好啊！
安　娜：时间马上就要到了，咱们走吧。

练一练

1. 读课文　Read the text.
2. 根据课文内容提问并回答　Ask and answer questions based on the text.

   例：谁瘦了？为什么？

3. 分角色表演　Role play.
4. 模仿课文，谈一谈你来中国以后的变化

   Talk about your changes after coming to China following the text.

A	B
来这儿以后你有什么变化？ 你怎么…… 现在习惯了吗？	我比以前…… 我对这儿的生活…… 你呢？

词语一

读一读　写一写　11-2

序号	词语	拼音	词性	英文释义	搭配
1	外边	wàibian	名词	out there, outside	
2	秋天	qiūtiān	名词	autumn, fall	秋天到了　北京的秋天
3	快要	kuàiyào	副词	(to be) about to	快要到了　快要迟到了
4	校园	xiàoyuán	名词	campus, schoolyard	我们校园　大学校园

5	风景	fēngjǐng	名词	scenery, landscape	校园风景　外边的风景
6	美	měi	形容词	beautiful	很美　特别美　风景很美
7	照相机	zhàoxiàngjī	名词	camera	一个照相机
8	照相	zhào//xiàng	动词	to take a photo	照照相　照了一张相 给我照张相
9	照片	zhàopiàn	名词	photo	一张照片
10	合影	héyǐng	名词	group photo	一张合影　照一张合影
11	胖	pàng	形容词	fat	很胖　不胖
12	好像	hǎoxiàng	副词	seem like	好像胖了
13	瘦	shòu	形容词	thin	很瘦　不瘦
14	油腻	yóunì	形容词	greasy, fatty, oily	很油腻　不太油腻
15	辣	là	形容词	spicy, hot	很辣　不太辣
16	刚	gāng	副词	just	刚下课　刚来中国
17	约会	yuēhuì	名词	appointment	一个约会　有个约会
			动词	to make an appointment	跟朋友约会　在哪儿约会

重点词

学一学

照相　（1）A：你喜欢照相吗？

B：我喜欢给别人照相，不喜欢别人给我照相。

（2）我带照相机了，咱们一起照张相吧。

（3）出去玩儿的时候别忘了多照几张相。

好像　（1）我比以前胖了，你好像瘦了。

（2）A：你好像有点儿感冒了。

B：最近总是加班，太累了。

（3）外边好像要下雨吧？

刚　（1）A：你等我好长时间了吧？

B：没有，我刚到。

（2）A：你习惯吃中国菜了吗？
　　B：比刚来的时候好多了。
（3）刚来北京的时候，你的汉语说得怎么样？现在呢？

约会　（1）A：杰克约我晚上一起吃饭，你也去吧。　【N】
　　B：不好意思，今天晚上我和朋友有个约会。
（2）A：昨天的约会怎么样？
　　B：挺不错的。
（3）A：爱子呢？
　　B：她跟朋友约会去了。　【V】
（4）今天晚上你们在哪儿约会？

练一练

用所给词语填空　Fill in the blanks with the given words.

照相　好像　刚　约会

（1）A：你________不太高兴。
　　B：我妈妈病了。
（2）A：你对北京的生活习惯吗？
　　B：________来的时候不太习惯，现在好多了。
（3）A：今天晚上跟谁去________了？
　　B：不能告诉你。
（4）A：您好！能帮我们________张________吗？
　　B：没问题！

课文二

听一听　11-3

听前问题："我"的变化大不大？

今天的作业是写一篇作文，题目是《我来中国以后的变化》。我好好儿想了想，发现自己的变化还真不小。刚来中国的时候，我只会说"你好"、"谢谢"、"再见"，所以不能跟中国人聊天儿。可是，现在我说汉语说得越来越好了。以前我对这儿的气候、饮食都不太习惯，特别是不喜欢吃中国菜。可是，现在中国菜我越吃越爱吃，所以我越来越胖了，比刚来的时候胖了十斤。我应该减肥了，明天我就去办健身卡。

练一练

1. 读课文　Read the text.

2. 根据课文内容提问并回答　Ask and answer questions based on the text.

例：课文中说了“我”的几个变化？

3. 根据课文内容填表，然后复述课文　Fill in the form based on the text and then retell the text.

	刚来中国的时候	现在
汉语		
生活		
身体		

4. 几人一组，用下列提示词，说一说本组同学来中国以后的变化，看看谁的变化最大

Work in groups. Use the following words to talk about the changes of your classmates in your group after they came to China.

变化　越来越……　越……越……　了

词　语　二

读一读　写一写　11-4

序号	词语	拼音	词性	英文释义	搭配
1	篇	piān	量词	*a measure word for paper, essays, etc.*	
2	作文	zuòwén	名词	composition, essay	一篇作文
3	题目	tímù	名词	title, subject, topic	课文题目　作文题目
4	变化	biànhuà	动词	to change	变化很大　变化很小 有很大变化
5	发现	fāxiàn	动词	to notice, to find (out)	发现一个问题 发现他的变化很大

6	越来越……	yuèlái-yuè……		more and more	越来越好　越来越胖
7	越……越……	yuè……yuè……		the more…, the more…	越吃越爱吃　越吃越喜欢
8	斤	jīn	量词	*a measure word for weight* (equal to 1/2 kilogram)	一斤苹果　半斤饺子 一斤半水果
9	减肥	jiǎn//féi	动词	to lose weight	怎么减肥　减肥的方法 减减肥
10	办	bàn	动词	to apply for (e.g. a passport, visa, card, etc.), to handle	办事　怎么办
11	健身	jiàn//shēn	动词	to keep fit, to keep in good health	喜欢健身　常常健身 健身房
12	卡	kǎ	名词	card	健身卡　交通卡　打折卡 办卡　办健身卡

重点词二

学一学

变化　（1）今天的作业是一篇作文，题目是《我来中国以后的变化》。

（2）这是我第二次来北京，我觉得北京的变化很大。

（3）来中国以后大家有变化吗？谁的变化最大？

发现　（1）我发现了一个学习汉语的好方法。

（2）我发现自己的发音有很大问题。

（3）A：我发现来中国以后你有很多变化。

B：我也发现自己的变化还真不小。

越来越……

（1）她越来越漂亮。

（2）我的汉语说得越来越好了。

（3）他越来越爱吃中国菜。

> 越来越 + Adj
>
> 越来越 + V（心理动词　psychological verbs）
>
> ➤ 表示事物的程度随时间的推进而变化。
>
> It indicates that the degree changes along with time.

越……越……

（1）雨越下越大。

（2）汉语越学越有意思。

（3）中国菜我越吃越爱吃。

> 越 + V + 越 + Adj
>
> 越 + V + 越 + V

（4）你觉得东西是不是越便宜越好？

越 + Adj + 越 + Adj
➢ 表示事物的程度随条件的发展而变化。
It indicates that the degree changes along with the changes of the conditions.

办　（1）我应该减肥了，明天就去办健身卡。
（2）您好，我想办一张银行卡。
（3）我越来越胖了，你说我该怎么办？

练一练

用所给词语填空　Fill in the blanks with the given words.

变化　发现　越来越……　越……越……　办

（1）我＿＿＿＿自己有很大的＿＿＿＿。
（2）中国菜我＿＿＿＿吃＿＿＿＿爱吃。
（3）我想＿＿＿＿一张咱们学校体育馆的健身卡。
（4）A：我比以前胖了好几斤。
　　B：咱们都＿＿＿＿胖了，怎么＿＿＿＿啊？
　　A：一起锻炼身体吧。

语法一

学一学

变化的表达——语气助词“了”　Expressing Changes —The Modal particle “了”

（1）下雨了。（刚才没有下雨）
（2）我应该减肥了。（以前我没想要减肥）
（3）我会说汉语了。（以前我不会说汉语）
（4）从明天开始，我就不忙了。（现在我比较忙）
（5）我不想去了。（以前我想去）
（6）我没有人民币了。（以前我有人民币）

练一练

1. 用“了”完成句子　Complete the sentences using “了”.

（1）我以前不喜欢吃中国菜，现在＿＿＿＿＿＿＿＿＿＿＿＿＿＿＿＿。
（2）我以前很忙，现在＿＿＿＿＿＿＿＿＿＿＿＿＿＿＿＿。

（3）昨天我发烧了，今天________________________。

（4）来中国以前他不会说汉语，现在________________________。

2. 根据下面的图片内容，用“了”说一说“变化”

Talk about the changes based on the following pictures.

例：下雨了。

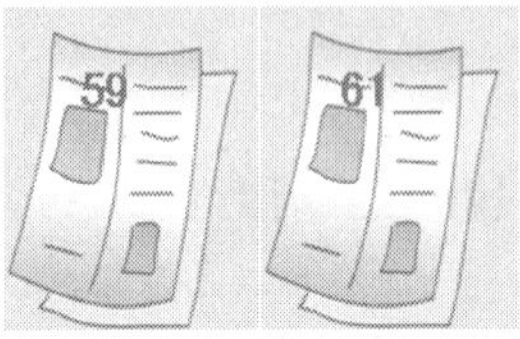

（1）__________________

（2）__________________

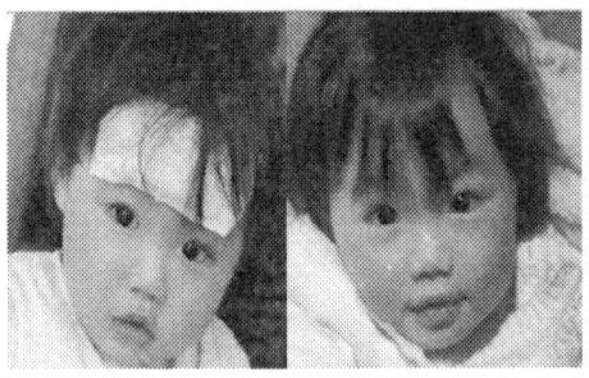

（3）__________________

（4）__________________

3. 两人一组，用“了”说说最近的变化，比如天气的变化、自己的变化等

Work in pairs and use “了” to talk about the recent changes, such as the changes of weather or yourself.

语 法 二

学一学

动作即将发生——“要……了”、“快……了”、“快要……了”、“就要……了”

An Action Is About to Happen — “要……了”, “快……了”, “快要……了” and “就要……了”

（1）杰克要来了。

（2）冬天快到了。

（3）我们快要考试了。

（4）他就要回国了。

（5）我妈妈明天就要来了。

（6）马上就要过中秋节了。

> 注意 Note:
> ➤“要”、“就要”前边可以加时间词或副词做状语。
> A word denoting time or an adverb can be used before “要” and “就要” as an adverbial.

主语（S）	谓语（P）		
	要 / 快 / 快要 / 就要	V（+O）	了
他	就要	回国	了。

练一练

1. 选词填空　Choose the words to fill in the blanks.

（1）爸爸下星期＿＿＿＿＿来中国看我了。　（就要　快要）

（2）我们马上＿＿＿＿＿上课了。　（快　要）

（3）我们一会儿＿＿＿＿＿下班了。　（就要　快）

（4）我明天＿＿＿＿＿去上海了。　（要　快要）

2. 用括号中的表达式完成句子或会话

Complete the sentences or dialogues using the expressions in the parentheses.

（1）八点二十了，我们快走吧，＿＿＿＿＿＿＿＿＿＿＿＿＿＿。（要……了）

（2）A：天气越来越冷了。

　　B：是啊，冬天＿＿＿＿＿＿＿＿＿＿＿＿＿＿。（快要……了）

（3）A：你怎么这么高兴？

　　B：我＿＿＿＿＿＿＿＿＿＿＿＿＿＿。（就要……了）

（4）A：听说你妈妈要来看你？

　　B：对！＿＿＿＿＿＿＿＿＿＿＿＿＿＿。（快……了）

3. 下面是杰克的日历，说一说他最近可能会做哪些事情

Talk about what Jack will probably do lately based on his schedule.

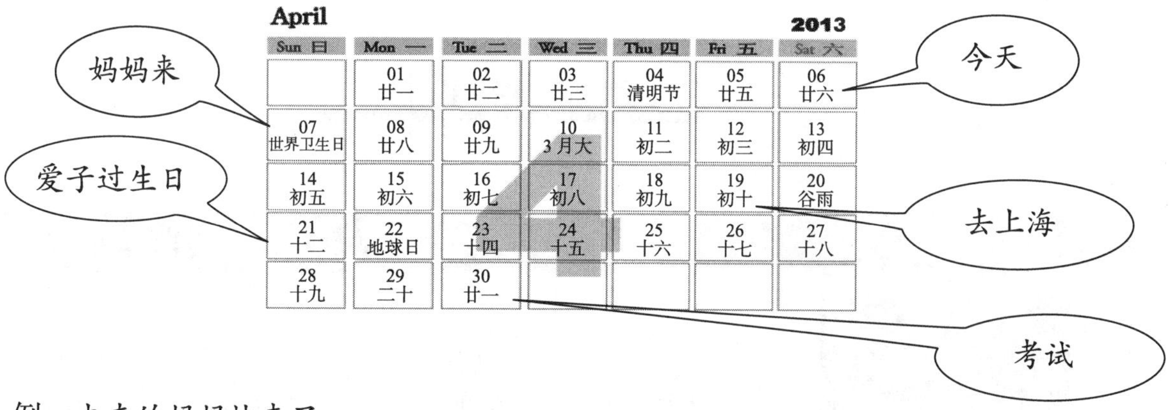

例：杰克的妈妈快来了。

　　杰克的妈妈明天就要来了。

实践活动

语音练习

练习语音：儿化 11-5

一、辨音 Sound discrimination

jiān —— jiānr		tóu —— tóur		diǎn —— diǎnr		huà —— huàr	
尖	尖儿	头	头儿	点	点儿	画	画儿
sharp	pointed end	head	leader	dot	a little	to paint	painting

二、声调 Tones

秋天	生活	风景	约会	招呼
房间	平时	合影	题目	觉得
每天	减肥	很美	好像	晚上
健身	作文	自己	快要	到了

三、朗读句子 Read aloud the following sentences.

Yí ge xiǎo nǚháir，zhāzhe ge xiǎobiànr，
一个 小 女孩儿， 扎着 个 小辫儿，
shǒu ná xiǎo hónghuār，zhèngzài gōngyuán wánr.
手 拿 小 红花儿， 正在 公园 玩儿。

词汇积累

图例	季节	天气特点	自然现象	活动
	春天 chūntiān	暖和 nuǎnhuo	刮风 guā fēng	赏花儿 shǎng huār

	夏天 xiàtiān	热 rè	打雷 dǎ//léi	避暑 bì//shǔ
	秋天 qiūtiān	凉快 liángkuai	落叶 luò yè	爬山 pá//shān
	冬天 dōngtiān	冷 lěng	下雪 xià xuě	滑雪 huá//xuě

汉字认知

火字旁（火）的汉字；四点底（灬）的汉字

Characters with the Radical “火” and Characters with the Radical “灬”

下面几个汉字的部首是“火”，读作“火字旁”：

The following characters have “火” as the radical, which is pronounced as huǒzìpáng（火字旁）.

	烧	烤	炼

下面几个汉字的部首是“灬”，读作“四点底”：

The following characters have “灬” as the radical, which is pronounced as sìdiǎndǐ（四点底）.

	照	热	熬

火字旁和四点底的汉字都和火有关系。

Characters with the radical “火” and “灬” were fire-related in meaning.

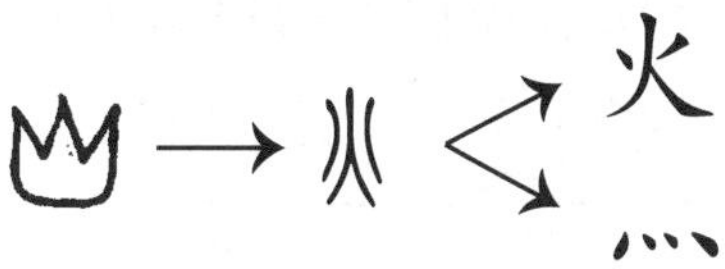

交际任务

采访你自己学校的留学生，请他们谈谈来中国以后的变化。要求采访五位以上，填在下面的表里。下次课汇报。

Interview five or more international students in your school about their changes after they came to China and fill in the following form. Report your findings to the class next time.

留学生	变化

文化阅读

中国的市制单位（The Chinese System of Weights and Measures）

你们都知道中国的长城吧？中国人把长城叫作“万里长城”。长城有多长？是1万公里吗？不是，其实长城长6700多公里。那么为什么叫“万里长城”呢？这是因为6700多公里就是中国的1万多里。中国的2里等于（to be equal to）1公里，1里也就是500米。跟“万里长城”一样，还有许多地名也和“里”有关，比如三里屯、八里庄等。

跟“里”类似（similar）的还有“斤”。2斤等于1公斤，1斤也就是500克。

“里”和“斤”都是中国传统的单位。现在中国也用跟其他国家一样的单位。1984年国家规定（to stipulate），市制单位只能用到1990年。可是在日常生活中，我们还是需要它们。比如，老百姓说从一个地方到另一个地方有几里地，而不说有几千米。买卖的时候，1千克太大，所以商店里写出每500克多少钱，但是人们说500克觉得很不习惯，还是说“买一斤”、“买半斤”。

判断正误：

1. 长城长 1 万公里。（　　）
2. “八里庄”是一个地名。（　　）
3. 中国只用传统的市制单位。（　　）
4. 老百姓在生活当中习惯说“公里”和“公斤”。（　　）

学习后记

词语	语言点

12 我想在学校外面租套房子

学习提示

话　题	租房子
重点词	租　要求　当然　趟 外面　面积　交通
重点句	1. 你想租多大的房子？ 2. 要是租的时间长，租金应该还可以商量。 3. 要是他有时间的话，我们马上就可以去一趟。 4. 这套房子虽然离学校有点儿远，但是交通比较方便。 5. 不但房子很好，而且房东也很有意思。
语　法	关联词语：“不但……，而且……”、“因为……，所以……”、 “要是……（的话），……”、“虽然……，但是……”
语音练习	“一”、“不”的变调
词汇积累	家具与电器
汉字认知	宝盖头（宀）的汉字
文化阅读	北京的胡同和四合院

热身活动

想一想　说一说

你现在住在什么地方？你觉得你的房间怎么样？来中国学习时，如果租房子住，你想租下面的哪种房子？

Where do you live now? How do you think of your room? If you want to rent a house when studying in China, what kind of house do you want to rent?

房子	介绍
	在学校里，交通比较方便，18 m^2，两个人住，1800 元 / 月，做饭不方便。
	学校旁边，离学校 3 公里（kilometers），交通不方便，42m^2，一个人住，3000 元 / 月，做饭比较方便。
	市中心（center），离学校比较远，交通非常方便，50m^2，一个人住，4000 元 / 月，做饭很方便。

课堂学习

课文一

听一听 12-1

听前问题：金大成在做什么？

（金大成在中介公司租房子。）

职　员：您好！您要租房吗？

金大成：对。我想在学校附近租一套房子。

职　员：您想租多大的房子？
金大成：一居或者两居都可以。最重要的是要有一台大的电视机。
职　员：还有什么要求？
金大成：要有空调，能上网。当然，不要太贵。
职　员：我们这儿正好有套不错的房子，不过离这儿有点儿远。您愿意去看看吗？
金大成：租金多少钱？
职　员：一个月 4000。要是租的时间长，应该还可以商量。
金大成：什么时候能去看房？
职　员：我给房东打个电话。要是他有时间的话，我们马上就可以去一趟。

练一练

1. 读课文　Read the text.
2. 根据课文内容提问并回答　Ask and answer questions based on the text.

例：金大成想在什么地方租房子？

3. 分角色表演　Role play.
4. 两人一组，模仿课文，去中介公司租房子
Work in pairs. Play the roles of an agent and a person who wants to rent a house following the text.

A（职员）	B（租房的人）
您要租房子吗？ 你想租多大的房子？ 还有什么要求？	我想…… ……都可以。 ……最重要的是…… 租金多少钱？

词语一

读一读　写一写　12-2

序号	词语	拼音	词性	英文释义	搭配
1	职员	zhíyuán	名词	office worker, staff member	公司职员　一位职员

2	租	zū	动词	to rent	租房　租车
3	房（子）	fáng (zi)	名词	house, apartment	
4	套	tào	量词	*a measure word for a series or sets of things*	一套房子　一套书 一套衣服　一套邮票
5	居	jū		bedroom	一居　两居
6	台	tái	量词	*a measure word for electric appliances, machines, etc.*	一台电视
7	电视机	diànshìjī	名词	TV	一台电视机
8	要求	yāoqiú	名词	requirement, demand	我的要求 有什么要求
			动词	to require	老师要求我们多说
9	空调	kōngtiáo	名词	air conditioner	一台空调　买空调
10	当然	dāngrán	副词	certainly, of course	当然可以　当然喜欢
11	租金	zūjīn	名词	rent	租金太贵 房子的租金
12	要是……（的话），……	yàoshi……(dehuà), ……	连词	if	
13	房东	fángdōng	名词	landlord or landlady, house owner	
14	趟	tàng	量词	*a measure word for trips*	去一趟　跑一趟

重 点 词 一

学一学

租　（1）出去玩儿可以租自行车，又便宜又方便。

（2）A：我想在这儿附近租一套房子。

B：你想租多大的房子？

（3）在你们国家，大家常常租什么？

要求　（1）A：请问您还有什么要求？

B：没有别的要求了。

（2）你的爸爸妈妈对你有什么要求？

（3）来中国的时候妈妈要求我每天给她打电话。

（4）老师要求我们多听、多说、多练习。

【N】

【V】
要求＋O（人 somebody）+ V（+O）

当然　（1）A：可以陪我去一趟医院吗？

B：当然可以。

（2）A：你想租什么样的房子？

B：当然是又好又便宜的。

（3）A：你对房子有什么要求？

B：要有空调，能上网。当然，不要太贵。

趟　（1）上个月我去了两趟长城。

（2）明天咱们去趟邮局吧。

（3）杰克，老师让你去办公室一趟。

（4）我的空调坏了，您能不能跑一趟，帮我看一下？

V＋数词（numeral）+"趟"＋处所词（noun of locality）
➢ 当数词为"一"时，可省略。
The numeral "一" can be omitted.
V＋处所词（noun of locality）+数词（numeral）+"趟"
V＋数词（numeral）+"趟"

练一练

1. 用所给词语填空　Fill in the blanks with the given words.

租　要求　当然　趟

（1）A：你对男朋友有什么__________？

B：要有房子有汽车，__________，还要有钱。

（2）我一直想__________一套离学校近、租金也便宜的房子。

（3）A：你去哪儿？

B：去__________超市。

2. 给"趟"选择适当的位置　Put "趟" in the right positions.

（1）我已经 A 跑 B 了 C 两 D 了。

（2）他 A 三 B 月想回 C 家 D。

（3）周末 A 我 B 要跑 C 上海 D。

课文二

听一听 12-3

听前问题：今天金大成看的房子怎么样？

我是个球迷，爱看比赛，因为在宿舍里看电视不方便，所以我想在学校外面租套房子。

今天下午，中介公司的职员带我去看了一套房子。虽然面积不太大，但是客厅不小。有两间小卧室，厨房、卫生间也挺不错的。家具很新，有台大电视。虽然离学校有点儿远，但是交通比较方便。

不但房子很好，而且房东也很有意思。他跟我一样，也是个球迷。一般租房应该交押金，不过房东跟我聊得很高兴，就不让我交了。我们打算以后一起喝啤酒、看足球。

练一练

1. 读课文 Read the text.

2. 根据课文内容提问并回答 Work in pairs. Ask and answer questions based on the text.

例：金大成为什么要租房子？

3. 根据课文内容填空，然后复述课文 Fill in the blanks based on the text and then retell the text.

因为________________，所以________________。

中介公司的职员带我去看了一套两居。虽然面积________________，但是________________。有两间小卧室，厨房、卫生间也挺不错的。家具很新，有台大电视。虽然________________，但是交通________________。

不但________________，而且房东________________。一般租房应该交押金，不过因为________________，所以________________。

4. 两人一组，用下列提示词，说一说你以后想要一个什么样的房子
Work in pairs. Use the given words and talk about what kind of house you would like to have in the future.

面积 客厅 卧室 厨房 卫生间 家具 电视机

词 语 二

读一读 写一写 12-4

序号	词语	拼音	词性	英文释义	搭配
1	球迷	qiúmí	名词	(football, basketball, etc.) fan	
2	外面	wàimian	名词	outward, outside	学校外面　在外面
3	中介	zhōngjiè	名词	agent	中介公司
4	虽然……，但是……	suīrán……，dànshì……		…, but…; although..., ...	
5	面积	miànjī	名词	area, space, surface area	面积大　多大面积
6	客厅	kètīng	名词	living room	
7	间	jiān	量词	*a measure word for rooms*	一间房　一间教室
8	卧室	wòshì	名词	bedroom	
9	厨房	chúfáng	名词	kitchen	
10	卫生间	wèishēngjiān	名词	bathroom	
11	家具	jiājù	名词	furniture	一件家具　一套家具　新家具
12	交通	jiāotōng	名词	traffic, transportation	交通方便　公共交通
13	不但……，而且……	búdàn……，érqiě……		not only... but also...	
14	交	jiāo	动词	to pay	交钱
15	押金	yājīn	名词	deposit	交押金

重 点 词 二

学一学

外面　（1）我想在学校外面租套房子。

（2）A：你在哪儿呢？

B：我在外面，一会儿就回家。

（3）外面很冷，多穿点儿。

面积　（1）我租的房子虽然面积不太大，但是客厅不小。

（2）A：您想租多大面积的房子？

B：大概 100 平（方）米吧。

（3）A：中国的国土（guótǔ territory）面积是多少？

B：960 万（wàn ten thousand）平方公里。

交通　（1）我们家虽然离学校有点儿远，但是交通比较方便。

（2）前门是北京的交通中心（zhōngxīn center）之一。

（3）你觉得北京的交通怎么样？

练一练

用所给词语填空　Fill in the blanks with the given words.

外面　面积　交通

（1）这个房间的__________有多大？

（2）上海的__________真方便！

（3）__________好像下雨了。

语法一

学一学

关联词语　Correlatives

1. 不但……，而且……

（1）他不但会说汉语，而且说得很好。

（2）我不但会说英语，而且会说汉语。

（3）不但我会唱中国歌，而且我们班同学也会唱中国歌。

S 不但……，而且……

不但 S_1……，而且 S_2……

（4）不但房子很好，而且房东也很有意思。

> ➤“不但……，而且……”连接递进复句，表示后一分句的意思更进一层。
> “不但……，而且……” connects progressive compound sentences, indicating the second clause going further in meaning than the first one.

2. 因为……，所以……

（1）他因为喜欢汉语，所以来中国学习。

（2）我因为身体不舒服，所以不能陪你一起去。

（3）因为房间里有电视，所以价格比较贵。

（4）因为一些留学生不习惯北京的天气，所以常常感冒。

> ➤“因为……，所以……”表示因果关系，一般前一个分句表示原因，后一个分句表示结果。
> “因为……，所以……” indicates a causative relationship. The first clause usually indicates the reason and the second one indicates the result.

3. 要是……（的话），……

（1）要是租的时间长，租金应该还可以商量。

（2）要是身体不舒服，就回去休息吧。

（3）要是他有空儿的话，我们马上就可以去一趟。

> ➤“要是”用于假设复句，表示假设条件，后一分句中常用副词“就”。口语中，“要是……”的后面可以加上“的话”，这一分句可以放在前面，也可以放在后面。
> “要是” is used in a hypothetical compound sentence to indicate a hypothetical condition. The adverb “就” is often used in the second clause. “的话” may follow “要是……” in spoken Chinese, and the clause containing “要是……（的话）” may be put either in the first or the second clause.

4. 虽然……，但是……

（1）虽然我会说汉语，但是说得不太好。

（2）虽然房子面积不太大，但是客厅不小。

（3）这套房子虽然离学校有点儿远，但是交通比较方便。

> ➤“虽然……，但是……”连接转折复句，表示两个分句的意思完全对立。“虽然”可以省略。
> “虽然……，但是……” is used to connect transitional compound sentences in which the two clauses are semantically contrastive. “虽然” can be omitted.

练一练

1. 搭配连线　Match the sentences on the left with those on the right.

跟朋友打招呼不但可以说“你好”，	但是汉字写得不好。
要是今天下雨，	所以她的汉语说得很流利。
他虽然汉语说得很好，	而且还可以说“去哪儿啊”什么的。
因为她有很多中国朋友，	我就不去超市买东西了。

2. 用关联词语完成句子或会话

Complete the following sentences or dialogues with correlatives.

（1）安娜不但喜欢看书，______________。

（2）______________，而且我的同学也参加了这次比赛。

（3）______________，所以很多生词不会写。

（4）A：爱子，明天你为什么不去长城？

B：______________。

（5）A：明天你去不去美术馆？

B：______________。

（6）A：我去买早餐，你要什么吗？

B：______________。

（7）虽然这套房子很好，______________。

（8）虽然我在中国的生活很紧张，______________。

3. 根据下面的图片内容，用关联词语说句子

Make sentences using correlatives based on the following pictures.

例：要是明天下雨，我们就不去长城了。

例：因为降价，所以她买了很多东西。

例：不但我喜欢跑步，而且我女朋友也喜欢跑步。

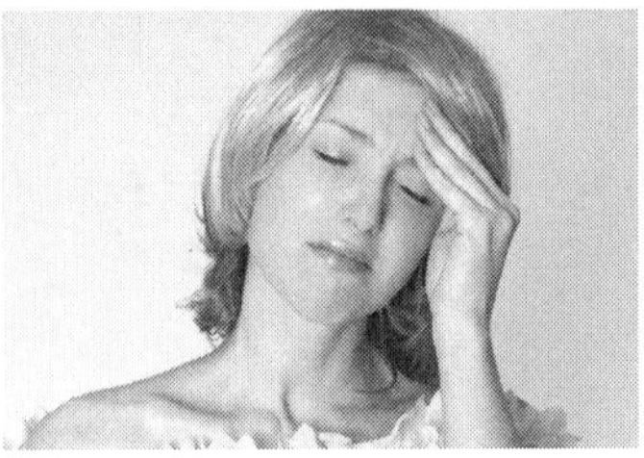

（星期日）

例：虽然她不舒服，但是她还是来上课了。

实践活动

语音练习

练习语音："一"、"不"的变调

12-5

一、辨音　Sound discrimination

yì tiān	yì hé	yìqǐ	yí biàn
一天	一盒	一起	一遍
yì jiā	yì huí	yìdiǎnr	yí bàn
一家	一回	一点儿	一半

yì jiān	yì píng	yì mǐ	yí piàn
一 间	一 瓶	一 米	一 片
bù tīng	bù dú	bù xiě	bú kàn
不 听	不 读	不 写	不 看
bù chī	bù lái	bù xiǎng	bú wèn
不 吃	不 来	不 想	不 问
bù suān	bù tián	bù kǔ	bú là
不 酸	不 甜	不 苦	不 辣

二、声调　Tones

ˉ ˉ	ˉ ˊ	ˉ ˇ	ˉ ˋ	ˉ °
交通	要求	约好	方便	多少
ˊ ˉ	ˊ ˊ	ˊ ˇ	ˊ ˋ	ˊ °
房东	厨房	啤酒	学校	什么
ˇ ˉ	ˇ ˊ	ˇ ˇ	ˇ ˋ	ˇ °
两居	旅游	可以	有线	我们
ˋ ˉ	ˋ ˊ	ˋ ˇ	ˋ ˋ	ˋ °
面积	看房	上网	电视	要是

三、朗读句子　Read aloud the following sentences.

Shēngcí yì tiān xiě yí biàn,
生词　一天　写　一　遍，
bù néng bù tīng bù dú bù xiě yě bú kàn.
不　能　不 听　不 读 不 写 也 不 看。

词 汇 积 累

家具		电器 diànqì	
	床 chuáng	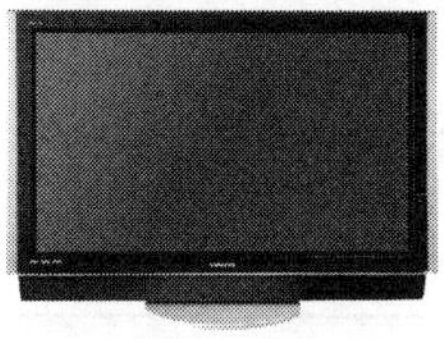	电视机
	沙发 shāfā		冰箱 bīngxiāng

	衣柜 yīguì		洗衣机
	餐桌		空调
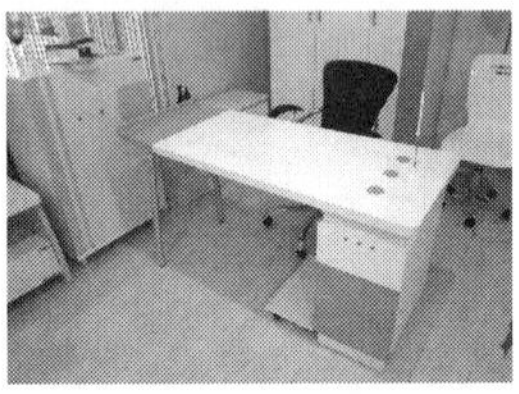	书桌		热水器 rèshuǐqì
	书架 shūjià		微波炉 wēibōlú

汉字认知

宝盖头（宀）的汉字　Characters with the Radical“宀”

下面几个汉字的部首是“宀”，读作“宝盖头”：

The following characters have “宀” as the radical, which is pronounced as bǎogàitóu（宝盖头）.

	室	家	客	寄	宿

宝盖头的汉字最早的意思都和住的地方有关系。

Characters with the radical “宀” were originally related to residence in meaning.

交际任务

到一家中介公司去看看，了解学校附近的租房情况。要求询问三套以上不同大小的房子，填在下面的表里。下次课汇报。

Visit a rental agency and get information about the house renting near campus. Ask about more than three apartments in different sizes and fill in the following form. Report your findings to the class next time.

房屋大小	小区名字	条件（楼层、家电等）	月租金

文化阅读

北京的胡同和四合院

四合院由东、西、南、北四座房屋围在一起，是北京传统住宅（house, residence）建筑的代表。大大小小的四合院一个一个连起来，它们之间的通道（passageway）就是胡同。北京胡同多数是正东正西的，宽度一般不超过九米。以前北京城到处都是胡同，老北京人说："有名的胡同三百六，无名的胡同似牛毛（ox hair, here implying something great in number or density）。"

北京的胡同和四合院是老北京文化的象征（symbol）。现在国家非常重视北京胡同文化的发展，游客们可以参加"胡同游"：坐着北京古老的交通工具——人力三轮车（tricycle），穿过一条条胡同，登上鼓楼看北京旧城；然后走进普通四合院，和北京人聊一聊，

了解北京人的生活；最后还可以去以前的王府（palace），看看古代贵族的居住环境。北京的胡同和四合院欢迎世界各地的朋友。

选择正确答案：

1. 下面哪个不是四合院的特点？（　　）
   A. 东西南北四面都有房屋　　B. 每一座大小相同
   C. 是中国传统住宅建筑的代表
2. “有名的胡同三百六，无名的胡同似牛毛”这句话的意思是：（　　）
   A. 北京有360条胡同　　B. 有些胡同很小　　C. 北京的胡同很多
3. 老北京的常用交通工具是：（　　）
   A. 人力三轮车　　B. 自行车　　C. 汽车
4. 要了解普通北京人的生活，应该：（　　）
   A. 登鼓楼　　B. 走进四合院　　C. 去以前的王府

学习后记

词语	语言点

第三单元（第9–12课）语法小结

课号	语法	页码	例句	我的句子
第9课	比较的表达 ——"……和/跟……一样"	144	我的书跟你的一样。	
			我的爱好跟你的不一样。	
			她和妈妈一样高。	
			我跟杰克一样喜欢吃中餐。	
	比较的表达 ——"比"字句	145	这件衣服比那件贵。	
			我比他喜欢音乐。	
			价格比平时便宜得多。	
			那件花的比这件紫的便宜两百块。	
			她比我说得好。	
			（那件衣服很贵，）这件比那件还要贵。	
			我们那儿旗袍的颜色和样子没有北京的多，也没有北京的这么好看。	
第10课	时量补语	160	我就等了一会儿。	
			我每周学一个小时（的）武术。	
			你等我好长时间了吧？	
			你学武术学了多长时间了？	
	离合词	163	昨天我睡了个懒觉。	
			有时候我上上网、跑跑步。	
第11课	变化的表达 ——语气助词"了"	177	我比以前胖了，你好像瘦了。	
	动作即将发生 ——"要……了" "快……了" "快要……了" "就要……了"	178	秋天要到了。	
			他快到了。	
			我们快要考试了。	
			时间马上就要到了。	

（续表）

课号	语法	页码	例句	我的句子
第12课	关联词语“不但……，而且……”	191	我不但会说英语，而且会说汉语。	
			不但房子很好，而且房东也很有意思。	
	关联词语“因为……，所以……”	192	因为在宿舍里看电视不方便，所以我想在学校外面租套房子。	
	关联词语“要是……（的话），……”	192	要是租的时间长，租金应该还可以商量。	
	关联词语“虽然……，但是……”	192	这套房子虽然离学校有点儿远，但是交通比较方便。	

第 1–12 课生词索引

词条	拼音	词性	英文释义	课号
A				
阿姨	āyí	名词	aunt	5(1)
啊	à	叹词	*expressing sudden realization*	2(1)
爱好	àihào	名词	hobby	1(2)
熬夜	áo//yè	动词	to stay up late or all night	8(2)
B				
班	bān	名词	class	1(2)
班主任	bānzhǔrèn	名词	teacher in charge of a class	1(1)
办	bàn	动词	to apply for (e.g. a passport, visa, card, etc.), to handle	11(2)
半	bàn	数词	half	4(2)
帮	bāng	动词	to help	7(1)
包	bāo	动词	to wrap (dumplings)	5(1)
包裹	bāoguǒ	名词	package, parcel	3(1)
杯	bēi	量词	*a measure word for drinks*	7(1)
北方	běifāng	名词	the north, northern China	5(2)
比	bǐ	介词	than	9(1)
比较	bǐjiào	副词	comparatively, relatively	2(1)
比如	bǐrú	动词	*a phrase used when giving an example*	1(2)
比赛	bǐsài	名词 动词	contest, match, game to compete	7(2)
变化	biànhuà	动词	to change	11(2)
变脸	biànliǎn	名词	face changing (one of the unique skills in Sichuan opera)	6(1)
变魔术	biàn móshù		to perform magic tricks	6(2)
遍	biàn	量词	(*for actions*) once through, a time	7(1)
别	bié	副词	don't	7(1)
别的	biéde	代词	else, other	7(1)
不错	búcuò	形容词	not bad	4(1)
不但……，而且……	búdàn……，érqiě……		not only... but also...	12(2)

不过	búguò	连词	but, however	7(2)
不如	bùrú	动词	not to be equal to	9(2)
不同	bù tóng		different, distinct	10(2)
C				
才	cái	副词	*indicating that sth. has taken place later than the usual, proper or expected time*	7(1)
菜单	càidān	名词	menu	4(1)
参加	cānjiā	动词	to participate, to take part in	10(2)
茶	chá	名词	tea	4(1)
茶叶	cháyè	名词	tea	9(2)
查	chá	动词	to consult / look up (a word in a dictionary)	7(2)
差不多	chàbuduō	副词 形容词	almost, nearly similar, about the same	6(2)
长	cháng	形容词	(of space or time) long	2(2)
常	cháng	副词	often, usually	2(2)
场	chǎng	量词	*a measure word for sports or recreation*	10(2)
超市	chāoshì	名词	supermarket	2(1)
迟到	chídào	动词	to be late	10(1)
出来	chū//lái	动词	to come out	6(2)
出去	chū//qù	动词	to go out	3(1)
厨房	chúfáng	名词	kitchen	12(2)
传统	chuántǒng	名词	tradition, convention	5(2)
窗口	chuāngkǒu	名词	window	3(2)
词典	cídiǎn	名词	dictionary	7(2)
瓷器	cíqì	名词	porcelain, chinaware	9(2)
D				
打扫	dǎsǎo	动词	to clean, to sweep	10(1)
打算	dǎsuàn	动词 名词	to plan, to intend plan	3(1)
打招呼	dǎ zhāohu		to say hello, to greet sb.	2(2)
打折	dǎ//zhé	动词	to give a discount	9(1)
打针	dǎ//zhēn	动词	to have or give an injection	8(1)
大概	dàgài	副词	probably, about, approximately	3(2)
大学生	dàxuéshēng	名词	college or university student	10(2)
大夫	dàifu	名词	doctor	8(1)

附近	fùjìn	名词	nearby	3(1)
复习	fùxí	动词	to review	7(2)
复姓	fùxìng	名词	compound surname	2(1)
G				
该……了	gāi……le		It's time to do something.	7(1)
干净	gānjìng	形容词	clean	8(2)
感冒	gǎnmào	动词	to catch a cold	8(2)
刚	gāng	副词	just	11(1)
跟	gēn	介词	with	1(2)
更	gèng	副词	(of degree or quantity) more	9(1)
工作	gōngzuò	动词 名词	to work job	10(1)
公园	gōngyuán	名词	park	10(1)
宫保鸡丁	gōngbǎo jīdīng		Kung Pao Chicken	4(1)
挂号信	guàhàoxìn	名词	registered letter	3(2)
拐	guǎi	动词	to turn	3(1)
光临	guānglín	动词	to make one's presence, to come	9(1)
逛	guàng	动词	to stroll, to roam around	2(1)
国	guó	名词	nation, country	1(1)
国家	guójiā	名词	country, nation	9(2)
果汁	guǒzhī	名词	juice	4(1)
过	guò	动词	to celebrate, to spend	5(2)
过敏	guòmǐn	动词	to have an allergy, to be allergic to	8(1)
H				
还是	háishi	副词	still, yet	7(2)
还是	háishi	副词	*used in a question to express selection among several choices*	9(1)
孩子	háizi	名词	child	10(2)
海鲜	hǎixiān	名词	seafood	8(1)
航空	hángkōng	动词	to aviate	3(2)
好	hǎo	副词	quite (a few), quite (a long time)	2(2)
好好儿	hǎohāor	副词	well	4(1)
好久不见	hǎo jiǔ bú jiàn		haven't seen you for a long	2(2)
好看	hǎokàn	形容词	pretty	6(1)
好像	hǎoxiàng	副词	seem like	11(1)

节目	jiémù	名词	program, show	6(1)
节日	jiérì	名词	festival	5(2)
结果	jiéguǒ	名词 连词	result as a result	8(2)
斤	jīn	量词	*a measure word for weight* (equal to 1/2 kilogram)	11(2)
今年	jīnnián	名词	this year	1(1)
紧张	jǐnzhāng	形容词	nervous, tense	4(2)
京剧	jīngjù	名词	Beijing opera	6(1)
精彩	jīngcǎi	形容词	brilliant, wonderful	6(1)
就	jiù	副词	only, just	8(1)
居	jū		bedroom	12(1)
聚会	jùhuì	名词	party	10(2)

K

卡	kǎ	名词	card	11(2)
开	kāi	动词	to prescribe	8(1)
看来	kànlái		it seems that	10(1)
考试	kǎo//shì kǎoshì	动词 名词	to take an exam exam	7(2)
烤鸭	kǎoyā	名词	roast duck	6(1)
可乐	kělè	名词	Cola	5(1)
刻	kè	量词	(*a measure word for time*) quarter	4(2)
客气	kèqi	形容词 动词	polite, courteous to speak or behave deferentially	5(1)
客厅	kètīng	名词	living room	12(2)
课文	kèwén	名词	text	7(2)
空调	kōngtiáo	名词	air conditioner	12(1)
空儿	kòngr	名词	spare time	5(1)
快要	kuàiyào	副词	(to be) about to	11(1)
款	kuǎn	量词 名词	(*a measure word for clothes and other things*) kind, type style, design	9(1)
矿泉水	kuàngquánshuǐ	名词	mineral water	5(1)

L

拉	lā	动词	to have diarrhoea	8(1)
辣	là	形容词	spicy, hot	11(1)
来	lái	动词	(*used in place of a more specific verb*) to do	2(1)

懒	lǎn	形容词	lazy	10(1)
老人	lǎorén	名词	old people	10(2)
礼物	lǐwù	名词	gift, present	5(1)
利用	lìyòng	动词	to take advantage of	6(2)
练	liàn	动词	to practice	7(2)
量	liáng	动词	to measure	8(1)
聊天儿	liáo//tiānr	动词	to chat	4(2)
了解	liǎojiě	动词	to know, to understand	6(2)
留学生	liúxuéshēng	名词	international student	2(1)
旅行	lǚxíng	动词	to travel	1(2)
律师	lǜshī	名词	lawyer	2(1)
M				
马路	mǎlù	名词	road, street	3(2)
马上	mǎshàng	副词	at once	7(1)
卖	mài	动词	to sell	9(2)
没错儿	méi cuòr		quite right	6(1)
每天	měi tiān		every day	4(2)
美	měi	形容词	beautiful	11(1)
美术馆	měishùguǎn	名词	art gallery	6(1)
们	men	后缀	*used after a personal pronoun or a noun referring to a person to form a plural*	1(1)
米	mǐ	量词	meter	3(1)
米饭	mǐfàn	名词	cooked rice	4(1)
面	miàn	名词	noodles	8(1)
面包	miànbāo	名词	bread	7(1)
面积	miànjī	名词	area, space, surface area	12(2)
面食	miànshí	名词	food made of flour	5(2)
面条	miàntiáo (r)	名词	noodles	4(1)
名片	míngpiàn	名词	name card, business card	2(1)
N				
男	nán	形容词	male	2(1)
南方	nánfāng	名词	the south, southern China	5(2)
南门	nánmén		south gate	3(2)
难	nán	形容词	difficult	7(2)

内容	nèiróng	名词	content	7(2)
你们	nǐmen	代词	you (*plural*)	1(1)
年龄	niánlíng	名词	age	10(2)
年轻	niánqīng	形容词	young	10(2)
女	nǚ	形容词	female	10(2)
P				
怕	pà	动词	to be afraid of, to be worried about	8(1)
胖	pàng	形容词	fat	11(1)
跑步	pǎo//bù	动词	to run, to jog	10(1)
陪	péi	动词	to accompany	6(1)
啤酒	píjiǔ	名词	beer	4(1)
篇	piān	量词	*a measure word for paper, essays, etc.*	11(2)
平时	píngshí	名词	ordinary time	4(1)
瓶	píng	量词	bottle	4(1)
Q				
旗袍	qípáo	名词	cheongsam	9(1)
气候	qìhòu	名词	climate	8(2)
前	qián	名词	forward, ahead	3(2)
请客	qǐng//kè	动词	to invite (sb.) to dinner	4(1)
秋天	qiūtiān	名词	autumn, fall	11(1)
球迷	qiúmí	名词	(football, basketball, etc.) fan	12(2)
取	qǔ	动词	to take, to get	3(1)
R				
然后	ránhòu	连词	then	3(2)
热情	rèqíng	形容词	enthusiastic, warm-hearted, cordial	5(2)
容易	róngyì	形容词	easy, easily	8(2)
如	rú	动词	to give an example	9(2)
S				
商场	shāngchǎng	名词	department store, shopping mall	9(2)
商量	shāngliang	动词	to consult, to discuss	1(1)
上	shàng	名词	last	6(2)
上课	shàng//kè	动词	to go to class, to attend class	1(1)
上网	shàng//wǎng	动词	to surf the Internet	1(2)
身上	shēnshang	名词	(on) one's body	8(1)

身体	shēntǐ	名词	body	4(2)
什么的	shénmede	助词	something like that	1(2)
生词	shēngcí	名词	new word	7(1)
生活	shēnghuó	名词	life	4(2)
十字路口	shízì lùkǒu		crossroad	3(1)
食堂	shítáng	名词	dining room, dining hall	4(2)
市场	shìchǎng	名词	market	6(1)
……是……，就是……	……shì……，jiùshì……		…however, …	9(1)
试	shì	动词	to try	2(2)
手帕	shǒupà	名词	handkerchief	9(1)
售货员	shòuhuòyuán	名词	salesclerk, shop assistant	9(1)
瘦	shòu	形容词	thin	11(1)
书法	shūfǎ	名词	calligraphy, handwriting	1(2)
叔叔	shūshu	名词	uncle	5(1)
舒服	shūfu	形容词	comfortable	8(1)
说	shuō	动词	to speak, to say	2(2)
丝绸	sīchóu	名词	silk	9(2)
宿舍	sùshè	名词	dormitory	4(2)
虽然……，但是……	suīrán……，dànshì……		…, but…; although… , …	12(2)

T

他们	tāmen	代词	they, them	2(2)
台	tái	量词	*a measure word for electric appliances, machines, etc.*	12(1)
趟	tàng	量词	*a measure word for trips*	12(1)
套	tào	量词	*a measure word for a series or sets of things*	12(1)
特别	tèbié	副词	especially	1(2)
特产	tèchǎn	名词	special local product	9(2)
特点	tèdiǎn	名词	characteristic	10(2)
特快专递	tèkuài zhuāndì		EMS	3(2)
疼	téng	形容词	sore, painful	8(1)
题目	tímù	名词	title, subject, topic	11(2)
体温	tǐwēn	名词	body temperature	8(1)
体育馆	tǐyùguǎn	名词	gymnasium	4(2)
天气预报	tiānqì yùbào		weather forecast	8(2)

条	tiáo	量词	*a measure word for long and thin things*	9(1)
跳舞	tiào//wǔ	动词	to dance	10(1)
听写	tīngxiě	动词	to dictate	7(1)
挺	tǐng	副词	very, rather	4(1)
团圆	tuányuán	动词	to reunite	10(2)
W				
外边	wàibian	名词	out there, outside	11(1)
外面	wàimian	名词	outward, outside	12(2)
晚	wǎn	形容词	late	7(2)
碗	wǎn	名词 量词	bowl *a measure word for some foods*	4(1)
往	wǎng	介词	towards, to	3(1)
忘	wàng	动词	to forget	1(2)
卫生间	wèishēngjiān	名词	bathroom	12(2)
文化	wénhuà	名词	culture	6(2)
卧室	wòshì	名词	bedroom	12(2)
武术	wǔshù	名词	martial arts	10(1)
X				
西餐	xīcān	名词	Western food	4(1)
西红柿炒鸡蛋	xīhóngshì chǎo jīdàn		Scrambled Eggs with Tomatoes	4(1)
希望	xīwàng	动词 名词	to aspire, to hope hope, wish	10(2)
习惯	xíguàn	名词 动词	habit, custom to be accustomed to, to be used to	5(2)
下	xià	名词	next	7(2)
下课	xià//kè	动词	to finish class	1(1)
先	xiān	副词	first	1(1)
小姐	xiǎojiě	名词	Miss	2(1)
校园	xiàoyuán	名词	campus, schoolyard	11(1)
新鲜	xīnxiān	形容词	fresh	9(2)
信封	xìnfēng	名词	envelope	3(2)
熊猫	xióngmāo	名词	panda	6(1)
许多	xǔduō	形容词	many, a lot of, much	2(2)
Y				
押金	yājīn	名词	deposit	12(2)

遇见	yù//jiàn	动词	to meet, to run into	2(2)
原来	yuánlái	副词	originally	6(1)
圆	yuán	形容词	round	5(2)
愿意	yuànyì	动词	to wish, would like	8(2)
约	yuē	动词	to make an appointment	6(1)
约会	yuēhuì	名词 动词	appointment to make an appointment	11(1)
月饼	yuèbing	名词	moon cake (round cake eaten to celebrate the Mid-Autumn Festival)	5(1)
月亮	yuèliang	名词	moon	5(2)
越……越……	yuè…… yuè……		the more…, the more…	11(2)
越来越……	yuèláiyuè……		more and more	11(2)
运动	yùndòng	名词	sports, physical exercises	1(2)
Z				
杂技	zájì	名词	acrobatics	6(1)
在	zài	副词	*indicating an action in process*	5(1)
咱们	zánmen	代词	we (including the person spoken to)	3(1)
早	zǎo	形容词	early	7(1)
早餐	zǎocān	名词	breakfast	7(1)
怎么说呢	zěnme shuō ne		how to say that	10(1)
照片	zhàopiàn	名词	photo	11(1)
照相	zhào//xiàng	动词	to take a photo	11(1)
照相机	zhàoxiàngjī	名词	camera	11(1)
这么	zhème	代词	so	9(2)
这些	zhèxiē	代词	these	2(2)
真丝	zhēnsī	名词	silk	9(1)
正	zhèng	副词	be doing	5(1)
正好	zhènghǎo	副词	just	3(1)
正在	zhèngzài	副词	in the process of, in the course of	5(1)
之一	zhī yī		one of (sth.)	5(2)
职员	zhíyuán	名词	office worker, staff member	12(1)
只	zhǐ	副词	only, just	2(2)
中餐	zhōngcān	名词	Chinese food	4(1)
中介	zhōngjiè	名词	agent	12(2)

专有名词

第 1–12 课语法总结

语法	课号	页码	例句	我的句子
介词总结 ——“从”、“离”、“往”	第3课	44	从学校东门出去往右拐。	
			离这儿远吗？	
			一直往前走。	
动作的完成（1） ——语气助词“了”	第6课	94	我陪她去老舍茶馆了。	
			周末你去美术馆了没有？	
动作的完成（2） ——动态助词“了”	第8课	127	大夫给我开了一些药。	
			这药不错，吃了就会好。	
能愿动词 ——“得”和“应该”	第7课	110	我一定得好好儿复习了。	
			昨天晚上应该多写几遍。	
“就”和“才”	第7课	111	今天我很早就去教室了。	
			我马上就到教室。	
			我写一遍就会了。	
			昨天我睡得很晚，差不多两点才睡。	
			我一个小时以后才能到。	
			我写了五遍才会。	
“还是”和“或者”	第8课	129	你想打针还是吃药？	
			一些留学生来中国以后，因为不太习惯中国的气候和饮食，容易感冒、拉肚子或者过敏。	
离合词	第10课	163	昨天我睡了个懒觉。	
			有时候我上上网、跑跑步。	

（续表）

语法	课号	页码	例句	我的句子
关联词语“不但……，而且……”	第12课	191	我不但会说英语，而且会说汉语。	
			不但房子很好，而且房东也很有意思。	
关联词语“因为……，所以……”		192	因为在宿舍里看电视不方便，所以我想在学校外面租套房子。	
关联词语“要是……（的话），……”		192	要是租的时间长，租金应该还可以商量。	
关联词语“虽然……，但是……”		192	这套房子虽然离学校有点儿远，但是交通比较方便。	
概数的表达	第3课	45	邮局离这儿五百多米。	
			邮局有十几个窗口。	
			从这儿往前走三四百米就是邮局。	
			从这儿往前走大概三百米就是邮局。	
情态补语	第5课	79	他写得很好。	
			他说汉语说得很好。	
			他汉字写得很快。	
			我汉语说得不太好。	
			你书法写得好不好？	
时量补语	第10课	160	我就等了一会儿。	
			我每周学一个小时（的）武术。	
			你等我好长时间了吧？	
			你学武术学了多长时间了？	

（续表）

语法	课号	页码	例句	我的句子
存在的表达总结 ——“在”	第3课	47	邮局在超市旁边。	
			北语在北大附近。	
存在的表达总结 ——“有”		47	超市里有很多人。	
			那儿有一家超市。	
存在的表达总结 ——“是”		48	我家旁边是医院。	
			金大成旁边是爱子。	
动作的进行 ——“在”、“正”、“正在”	第5课	78	你在做什么呢?	
			我们正上课呢。	
			我们正在包饺子。	
比较的表达 ——“……和／跟……一样”	第9课	144	我的书跟你的一样。	
			我的爱好跟你的不一样。	
			她和妈妈一样高。	
			我跟杰克一样喜欢吃中餐。	
比较的表达 ——“比”字句		145	这件衣服比那件贵。	
			我比他喜欢音乐。	
			价格比平时便宜得多。	
			那件花的比这件紫的便宜两百块。	
			她比我说得好。	
			（那件衣服很贵），这件比那件还要贵。	
			我们那儿旗袍的颜色和样子没有北京的多，也没有北京的这么好看。	
变化的表达 ——语气助词“了”	第11课	177	我比以前胖了，你好像瘦了。	
动作即将发生 ——“要……了” “快……了” “快要……了” “就要……了”		178	秋天要到了。	
			他快到了。	
			我们快要考试了。	
			时间马上就要到了。	

（续表）

语法	课号	页码	例句	我的句子
句式总结（1） ——动词谓语句	第1课	9	我学习汉语。	
			我叫金大成。	
			他不是中国人，他是韩国人。	
句式总结（1） ——名词谓语句		10	我十八岁。	
			一斤苹果十块钱。	
			今天十七号。	
句式总结（1） ——形容词谓语句		10	我很好。	
			我们班的同学很有意思。	
			杰克的爱好很多，我的爱好不多。	
句式总结（2） ——连动句	第2课	28	我去超市买东西。	
			我来北京学习汉语。	
			我坐公共汽车去学校。	
句式总结（2） ——双宾语句		28	王老师教我们综合课。	
			你们叫我爱子吧。	
			他们告诉我许多打招呼的方法。	
句式总结（3） ——兼语句	第8课	125	老师让我们介绍自己。	
			妈妈叫我来中国。	
			我请大夫开了一张假条。	
句式总结（3） ——主谓谓语句		124	我肚子不舒服。	
			你学习怎么样？	
疑问句总结（1） ——特指问句 （用疑问代词表示疑问）	第1课	11	谁先介绍一下？	
			你叫什么名字？	
			你是哪国人？	
			你们想去哪儿吃？	
			您的名字怎么写？	

（续表）

语法	课号	页码	例句	我的句子
疑问句总结（1）——特指问句（（有+）多+Adj）	第1课	13	你的房间有多大？	
			姚明有多高？	
			你多大？	
疑问句总结（2）——是非问句	第2课	30	你好吗？	
			你也在北语学习汉语吗？	
疑问句总结（2）——正反疑问句		30	你忙不忙？	
			我们去超市，你去不去？	
			你认（识）不认识杰克？	
疑问句总结（2）——陈述疑问句		31	上课去？	
			你也喜欢看电影？	
疑问句总结（3）——省略问句	第4课	62	我喜欢吃西红柿炒鸡蛋，你呢？	
疑问句总结（3）——选择问句		62	你什么时候有时间？平时还是周末？	
			你想吃中餐还是西餐？	
反问句（1）——不是……吗	第6课	96	你不是说昨天要去美术馆吗？	